北京市平谷世界休闲大会资助
北京社会科学基金决策咨询重点项目"北京文化和旅游融合市场主体能力体系建设研究"（21JCB034）

# 中国休闲城市发展报告（2022）

Annual Report on Leisure City Development of China (2022)

吕宁　庞博　著

北京·旅游教育出版社

图书在版编目（CIP）数据

中国休闲城市发展报告. 2022 / 吕宁，庞博著. -- 北京：旅游教育出版社，2023.5
ISBN 978-7-5637-4555-5

Ⅰ. ①中… Ⅱ. ①吕… ②庞… Ⅲ. ①城市旅游－旅游业发展－研究报告－中国－2022 Ⅳ. ①F592.3

中国国家版本馆CIP数据核字(2023)第055088号

## 中国休闲城市发展报告（2022）
### 吕宁　庞博　著

| | |
|---|---|
| 责任编辑 | 陈　志 |
| 出版单位 | 旅游教育出版社 |
| 地　　址 | 北京市朝阳区定福庄南里1号 |
| 邮　　编 | 100024 |
| 发行电话 | （010）65778403　65728372　65767462（传真） |
| 本社网址 | www.tepcb.com |
| E - mail | tepfx@163.com |
| 排版单位 | 北京旅教文化传播有限公司 |
| 印刷单位 | 唐山玺诚印务有限公司 |
| 经销单位 | 新华书店 |
| 开　　本 | 787毫米×1092毫米　1/16 |
| 印　　张 | 10.5 |
| 字　　数 | 140千字 |
| 版　　次 | 2023年5月第1版 |
| 印　　次 | 2023年5月第1次印刷 |
| 定　　价 | 69.00元 |

（图书如有装订差错请与发行部联系）

# 前　言

疫情常态化防控背景下，"在地休闲时代"正加速到来，为城市休闲功能的打造和城市休闲化发展提出了新的要求。2020北京·平谷世界休闲大会已于2021年4月在北京平谷成功举行。在大会分论坛上，课题组延续2020年的研究成果，发布了2021年中国休闲城市休闲指数综合评价和中国休闲示范城市的研究成果，并在此基础上，形成本报告，2022年版是对《中国休闲城市发展报告（2021）》的延续和创新。中国城市休闲发展日新月异，城市休闲内容丰富多彩，尽管课题组已具备了扎实的研究基础，但仍然需要在研究过程中不断与时俱进，对报告进行完善和创新。

本报告对中国289个地级以上城市的休闲发展状况进行分析和评价，总结出中国当代休闲城市发展的新特征以及休闲城市的建设经验，并对我国休闲城市的发展趋势做出判断。特别值得一提的是，本报告基于近年来中国休闲城市的建设情况和中国休闲产业的发展趋势，对休闲城市评价体系进行了大幅调整，增添、删除了部分评价指标，更新了所有指标的权重，以期更加科学、更加全面、更加客观地评价城市的休闲发展水平。

报告总体分为九个篇章，包括休闲城市发展环境分析、评价体系的构建与更新、中国城市休闲指数排名、休闲城市区域发展特征、休闲城市发展对比分析、康养休闲典型案例分析、文化公园典型案例分析、研学旅行典型案例分析和中国城市休闲发展展望。

第一章是对休闲城市发展的经济、社会和政策环境的分析。2021年我国经济发展稳中向好，文化、旅游、娱乐等休闲相关产业稳步恢复，呈现积极发展态势，中国正大步迈进"在地休闲时代"。新冠肺炎疫情对人们的生活产生了巨大影响，疫情常态化防控背景下，人们的休闲方式、休闲消费理念等都出现了较为明显的改变。2021年出台的政策切实而深化地支持休闲产业，给整个行业带来了内容上的深化与指导。第二章对休闲城市评价体系的构建和更新进行解释说明。第三章对289个城市各个评价指标进行排名分析，并分析最佳休闲形象城市建设、最佳休闲环境城市建设、最佳休闲服务城市建设、最佳休闲经济城市建设、最佳休闲消费城市建设的总体特征和建设经验。第四章对休闲城市区域发展特征进行描述，根据东、中、西部的地域划分，对参评城市的排名分布进行比较分析，并对大陆地区31个省级行政区的城市形象与美誉、休闲空间与环境、休闲设施与服务、休闲经济与产业、休闲生活与消费等发展特征进行分析。第五章是休闲城市发展对比分析，对大陆地区31个省级行政区在2021年的排名发展变化与2020年进行对比分析，找出城市休闲发展排名下降的原因，并有针对性地给出提升建议。第六、七、八章是康养休闲、文化公园、研学旅行的典型案例分析，介绍国内外典型案例的发展背景，分析其建设方案和特色亮点，为我国休闲城市的发展提供宝贵经验。最后一章是中国城市休闲发展展望，从城市休闲产业行情和居民休闲偏好的变化来探讨中国城市休闲发展趋势并提出提升建议。

在此要特别感谢庞博、李奇、孙梦田、王亚萍、何茜五位研究生对本书所做的数据收集、分析整理、案例研究等方面的工作；特别感谢北京哲学社会科学规划项目——北京休闲产业吸引力测度及制度建设研究2017年（545001/003）、北京市平谷世界休闲大会组委会提供的项目支持和出版经费；感谢旅游教育出版社刘彦会编辑在本书校对、编辑过程中所做的工作。

2022年8月17日于北京

吕 宁

# 目 录
## CONTENTS

**第一章　休闲城市发展背景分析** ······································· 1
 一、经济环境分析 ····························································· 1
 二、社会环境分析 ····························································· 2
 三、政策环境分析 ····························································· 5

**第二章　评价体系的构建与更新** ······································· 11
 一、城市休闲指数的概念 ················································· 11
 二、工作基础与更新意义 ················································· 11
 三、指数评价体系的设计 ················································· 15
 四、指标及权重解释说明 ················································· 16
 五、指数计算方法与流程 ················································· 21

**第三章　中国城市休闲指数排名** ······································· 24
 一、休闲城市总体排名 ···················································· 24
 二、休闲城市分指标排名 ················································· 28
 三、最佳休闲形象城市建设 ·············································· 32
 四、最佳休闲环境城市建设 ·············································· 40
 五、最佳休闲服务城市建设 ·············································· 46

六、最佳休闲经济城市建设……………………………………………51
七、最佳休闲消费城市建设……………………………………………57

## 第四章　休闲城市区域发展特征……………………………………64
一、总体特征分析………………………………………………………65
二、城市形象与美誉……………………………………………………69
三、休闲空间与环境……………………………………………………72
四、休闲设施与服务……………………………………………………77
五、休闲经济与产业……………………………………………………81
六、休闲生活与消费……………………………………………………86

## 第五章　休闲城市发展对比分析……………………………………91
一、休闲城市发展总指标对比分析……………………………………91
二、休闲空间与环境指数对比分析……………………………………95
三、休闲设施与服务指数对比分析……………………………………99
四、休闲经济与产业指数对比分析……………………………………102
五、休闲生活与消费指数对比分析……………………………………105

## 第六章　康养休闲典型案例分析……………………………………109
一、森林康养——湖北十堰……………………………………………109
二、温泉康养——江苏南京……………………………………………116
三、气候康养——海南保亭……………………………………………122

## 第七章　文化公园典型案例分析……………………………………128
一、生态廊道——大运河国家文化公园………………………………128
二、红色道路——长征国家文化公园…………………………………131

三、文明脊梁——长城国家文化公园 ································ 134

**第八章　研学旅行典型案例分析** ········································ 138
　　一、天府之国——成都 ················································ 138
　　二、文物之邦——浙江绍兴 ·········································· 144
　　三、不朽之城——西安 ················································ 150

**第九章　中国城市休闲发展展望** ········································ 156
　　一、发展趋势 ···························································· 156
　　二、提升建议 ···························································· 158

# 第一章 休闲城市发展背景分析

## 一、经济环境分析

2021年是全球经济在经历第二次世界大战后最大幅度衰退以来,进入快速复苏的一年。随着疫苗研发与接种人数增长,新冠肺炎疫情第二波冲击对世界经济的损害明显减弱,各国尤其是主要经济体为应对疫情而推出的财政与货币政策也在不同程度上助推了经济复苏。国际货币基金组织(IMF)数据显示,2021年世界经济增长为6.1%,这是过去四十年来所有后衰退时期中最快的增长速度。[①] 然而,对于长期通货膨胀高企的预期,加上奥密克戎(Omicron)变体的出现,可能会阻碍未来一段时间内的经济复苏。同时,由于受到疫情影响,2020年全球极端贫困率出现了二十多年来的首次上升。世界银行报告目前全球日均生活费低于1.90美元的人口新增了1亿左右。预计2021年低收入经济体将仅增长2.9%,创下20年来(除2020年外的)最慢增速。

2021年,中国在严峻复杂的境外疫情形势之下,全国经济总体保持恢复态势。根据2021年国民经济和社会发展统计公报的数据显示,2021年全年国内生产总值1 143 670亿元,比上年增长8.1%,两年平均增长5.1%。全年人均国内生产总值80 976元,比上年增长8.0%。国民总收入1 133 518亿元,比上年增长7.9%。其中,第一产业增加值83 086亿元,比上年增长7.1%;第二产业增加值450 904亿元,比上年增长8.2%;第三产业增加值609 680亿元,比上年增长8.2%。第一产业增加值占国内生产总值比重为7.3%,第二产业增加值比重为39.4%,第三产业增加值比重为53.3%。全年全社会固定资产投资552 884亿元,

---

① 国际货币基金组织:世界经济展望,https://www.imf.org/zh/Publications/WEO/Issues/2022/07/26/world-economic-outlook-update-july-2022,2022.7.

比上年增长4.9%。在固定资产投资（不含农户）中，分区域看，东部地区投资增长6.4%，中部地区投资增长10.2%，西部地区投资增长3.9%，东北地区投资增长5.7%。文化、体育和娱乐业的固定投资比上年增长1.6%；水利、环境和公共设施管理业比去年降低了1.2%；住宿和餐饮业比去年增长6.6%。

2021年，我国服务业各行业都实现了长足增长。除金融行业外，其他各行业的增速都在5%以上。全年批发和零售业增加值110 493亿元，比上年增长11.3%；交通运输、仓储和邮政业增加值47 061亿元，增长12.1%；住宿和餐饮业增加值17 853亿元，增长14.5%；金融业增加值91 206亿元，增长4.8%；房地产业增加值77 561亿元，增长5.2%；信息传输、软件和信息技术服务业增加值43 956亿元，增长17.2%；租赁和商务服务业增加值35 350亿元，增长6.2%。全年规模以上服务业企业营业收入比上年增长18.7%，利润总额增长13.4%。[①]

随着疫情形势好转，2021年全国居民人均消费支出达到24 100元，比上年名义增长13.6%，扣除价格因素影响，实际增长12.6%；其中，旅游、教育、医疗、文化、娱乐等休闲相关消费也开始逐渐回暖。根据国家统计局数据，2021年，国内旅游收入达到2.92万亿元，比上年同期增加0.69万亿元，增长31.0%；人均每次旅游消费899.28元，比上年同期增加125.14元，增长16.2%；[②] 人均教育文化娱乐消费支出2599元，增长27.9%；人均医疗保健消费支出2115元，增长14.8%。[③] 当前，虽然国内疫情已得到有效控制，但境外复杂的疫情形势与国内零星出现的疫情情况，仍对居民的休闲出游造成了较大的影响，如何降低疫情对休闲服务的影响、提振休闲消费市场信心仍是当前亟待解决的问题。

## 二、社会环境分析

### （一）休闲旅游产品选择的"去中心化"

随着经济水平的提高与休闲观念的更新，人们已经不再把"好看"作为选择休闲旅游产品的唯一标准，特别是80后、90后和00后们在旅游观光之余，更

---

[①] 2021年国民经济和社会发展统计公报［Z］.2022-2-28.
[②] 2021年度国内旅游数据情况［Z］.2022-1-24.
[③] 2021年居民收入和消费支出情况［Z］.2022-1-17.

加注重美景与休闲体验的结合,在这个过程中,过去的非主流正在成为新主流,进而呈现出"去中心化"的特征。在休闲旅游目的地的选择上,传统的目的地依然受到追捧,但是一些新兴的目的地正在脱颖而出。根据携程的数据,在2021年"五一"黄金周期间,除了成都、杭州、上海、北京等主流目的地继续火爆之外,对比2019年和2021年订单量100强城市来看,荆州、连云港、汕头、湖州、大同、洛阳、淮安、张家界、济宁、日照入围2021年"五一"黄金周增速最快的目的地城市。[①]

在休闲旅游内容的选择上,传统的旅游景区不再成为Z世代关注的热点。根据携程的数据,2021年"五一"黄金周,"00后"的关键词搜索中,"小吃""夜市""奶茶""打卡""地标建筑"位列热度前5。伴随Z世代正在成为休闲旅游市场消费的主体,其对休闲旅游方式的选择将对休闲旅游产业供给产生不小的影响。根据携程2021年1月1日至5月5日的数据,其平台订单量上滑雪、户外、深度人文等产品的销售额比2019年同期都出现了倍数的增长,这意味着越来越多的消费者正在从追求好看更多转向好玩,正在从走马观花转向深度体验。未来,休闲旅游产品能否在"好看"的基础上,打造"好玩、有趣"的休闲体验,将成为其竞争力的关键所在。

**(二)文化休闲成为居民重要的日常生活选项**

以参观博物馆、欣赏艺术为主要内容的文化休闲活动,近年来愈加受到人们的欢迎,正日益成为城乡居民重要的日常生活选项。根据《中国休闲发展年度报告(2021)》的数据显示,从休闲活动总体结构来看,虽然选择消费购物的城乡居民占比仍保持绝对优势,为60%左右,但选择文化休闲的居民占比已超过居家休闲和体育健身,达到20%。与2019年相比,2021年选择消费购物、文化休闲的城镇居民占比稳步上升,而选择体育健身、居家休闲的居民占比有所下降。随着闲暇时间增多,城镇居民消费购物占比增幅在收窄,文化休闲占比增幅有所扩大。

从文化休闲的内部结构来看,65%左右的城乡居民会在闲暇时间里优先选择看电影,参观博物馆、展览馆等文化场馆,前往戏院、歌剧院、音乐厅等场所

---

① 中国旅游协会休闲度假分会:2021中国休闲度假产业发展趋势报告,https://mp.weixin.qq.com/s/e8U9R4du4d20Z31tna3Mag,2021.5.

欣赏戏曲、歌剧、音乐剧等休闲活动。比较城乡居民、退休居民各类文化休闲活动发现：与城镇居民和农村居民相比，退休居民更偏爱学习科学文化和参与书法、绘画、集邮等休闲活动，这两项休闲活动的选择比率要远高于城镇居民和农村居民，尤其是书法、绘画、集邮等文化休闲活动，退休居民的选择占比高达12.12%，而城乡居民选择占比仅为4.5%左右。对于农村居民而言，在所有文化休闲活动中，他们最喜欢参观博物馆、展览馆、科技馆等文化场馆。而对于城镇居民来说，随着闲暇时间增多，选择去书店、图书馆和参与科学文化活动的占比有所减少，而参观博物馆、展览馆、科技馆和实地观看文艺演出、体育比赛的比重有所提高。[①] 以上调查表明，当前人们对科学文化的兴趣正在逐步上升，对文化类休闲活动的重视程度也在不断提高，如何优化现有文化休闲资源配置，打造人民群众喜闻乐见的优质文化休闲产品，成为今后休闲领域发展的主攻方向。

### （三）微度假成为游客出行的"心头好"

在后疫情时代，随着人们出游半径的缩小，微度假逐渐成了游客出行的日常。微度假是指以本地为中心，开展3天以内的休闲度假活动，一般是基于兴趣爱好或某种体验的周边游或周末游。据统计，在2021年，出游距离在50公里以内的游客比例接近50%，距离在100公里以内的游客比例达60%以上，彻底改变了疫情前动辄一周乃至更长时间的度假模式。

在微度假人群中，80后与90后占据了主导地位，二者总占比超过80%。其中，1990~1995年出生的人群以27%的占比领跑各年龄段，该年龄段的年轻人群事业趋于稳定，具备一定的经济基础，追求个性，对于休闲旅游产品有着更高的要求。在微度假内容上，周边游与异地周边游"是微度假最为重要的组成部分"。其中，"周边游"以其决策时间短、易抵达、高频次、注重品质体验等特性，成为后疫情时代都市新青年的玩乐日常；"异地周边游"则是在传统旅游的基础上，抛却游客的身份，用当地人的方式和一座新城市亲密接触，是近年来都市新青年竞相追捧的旅行方式。在微度假"玩法"上，露营项目当之无愧排名第一。据统计，截至2021年10月，马蜂窝平台上关于露营的新增内容已经超越2020年全年新增露营内容的总量，同比增长215%。而由露营衍生而出的露营＋飞钓、露

---

① 中国旅游研究院：2021年中国休闲发展年度报告，http://www.199it.com/archives/1324327.html，2021.10.

营＋桨板瑜伽、洞穴露营＋探险等"露营＋"玩法则成为今年最为酷炫的新潮体验。① 由此可以看出，传统的休闲旅游项目对游客的吸引力正在逐渐降低，"注重参与、强调体验"的新项目正在悄然崛起，休闲产业唯有顺势而变，不断推陈出新，方能更好地满足人们的休闲消费需求。

## 三、政策环境分析

### （一）"十四五"规划

2021年3月出台的《中华人民共和国国民经济和社会发展第十四个五年规划和2035年远景目标纲要》（以下简称《纲要》），是我国全面建成小康社会、实现第一个百年奋斗目标之后的第一个五年规划，是全国各族人民共同的行动纲领。其中提出了一系列与休闲领域相关的具体举措，为未来五年休闲领域的发展指明了前进的方向。以下将通过旅游休闲、文化休闲、体育休闲三个维度展开描述。

在旅游休闲维度，《纲要》主要从两个方面提出了目标与展望。其一，在促进消费方面，《纲要》提出，要"扩大节假日消费，完善节假日制度，全面落实带薪休假制度"；"深入发展大众旅游、智慧旅游，创新旅游产品体系，改善旅游消费体验"；"完善市内免税店政策，规划建设一批中国特色市内免税店"等。其二，在产品提质升级方面，《纲要》指出，要"加强区域旅游品牌和服务整合，建设一批富有文化底蕴的世界级旅游景区和度假区，打造一批文化特色鲜明的国家级旅游休闲城市和街区"；"推进红色旅游、文化遗产旅游、旅游演艺等创新发展，提升度假休闲、乡村旅游等服务品质，完善邮轮游艇、低空旅游等发展政策"；"健全旅游基础设施和集散体系，推进旅游厕所革命，强化智慧景区建设"；"建立旅游服务质量评价体系，规范在线旅游经营服务"等。

在文化休闲维度，《纲要》主要从四个方面进行阐述。其一，在遗产保护传承方面，提出要"建设长城、大运河、长征、黄河等国家文化公园，加强世界文化遗产、文物保护单位、考古遗址公园、历史文化名城名镇名村保护。健全非物

---

① 马蜂窝：2021年微度假风行报告，https://www.mafengwo.cn/gonglve/zt-1021.html，2021.12.

质文化遗产保护传承体系，加强各民族优秀传统手工艺保护和传承"。其二，在文化惠民方面，明确要"创新实施文化惠民工程，提升基层综合性文化服务中心功能，广泛开展群众性文化活动。推进公共图书馆、文化馆、美术馆、博物馆等公共文化场馆免费开放和数字化发展"；同时，要"深入推进全民阅读，建设'书香中国'，推动农村电影放映优化升级"。其三，在"互联网+文化"方面，提出要"实施文化产业数字化战略，加快发展新型文化企业、文化业态、文化消费模式，壮大数字创意、网络视听、数字出版、数字娱乐、线上演播等产业"。其四，在文旅企业发展方面，提出要"实施文化品牌战略，打造一批有影响力、代表性的文化品牌。培育骨干文化企业，规范发展文化产业园区，推动区域文化产业带建设"。

在体育休闲维度，《纲要》以建设体育强国为主基调，主要涉及公共体育设施和体育消费两个方面，提出"完善全民健身公共服务体系，推进社会体育场地设施建设和学校场馆开放共享，提高健身步道等便民健身场所覆盖面，因地制宜发展体育公园，支持在不妨碍防洪安全前提下利用河滩地等建设公共体育设施"；"扩大体育消费，发展健身休闲、户外运动等体育产业"等目标。

### （二）相关政策文件

表1-1 2021年休闲领域相关政策文件及事件

| 时间 | 部门 | 政策 | 主要内容 |
| --- | --- | --- | --- |
| 1月 | 文化和旅游部 | 《旅游休闲街区等级划分》 | 将旅游休闲街区划分为国家级旅游休闲街区和省级旅游休闲街区两个等级，对街区内培育和践行社会主义核心价值观，倡导文明旅游、节约饮食和绿色消费等方面作出了规范。 |
| 2月 | 国家体育总局 | 《关于开展居家健身和网络全民健身赛事活动的通知》 | 提出要"充分利用互联网和新媒体平台，多渠道多手段加强居家科学健身方式方法宣传，举办形式多样便于群众参与的全民健身网络赛事、达标测试活动"。 |
| 2月 | 文化和旅游部、国家发改委、国家体育总局 | 《冰雪旅游发展行动计划（2021—2023年）》 | 要加大冰雪旅游优质产品供给。推动冰雪主题旅游度假区和A级旅游景区建设，引导以冰雪旅游为主的度假区和A级旅游景区探索发展夏季服务业态。 |
| 3月 | 文化和旅游部、国家发改委、财政部 | 《关于推动公共文化服务高质量发展的意见》 | 推动公共图书馆、文化馆、博物馆、美术馆、非遗馆等建立联动机制，加强功能融合，提高综合效益。 |

续表

| 时间 | 部门 | 政策 | 主要内容 |
| --- | --- | --- | --- |
| 4月 | 文化和旅游部、国家发改委 | 《关于开展旅游休闲街区有关工作的通知》 | 鼓励打造一批文化特色鲜明的国家级旅游休闲街区，各地要合理规划旅游休闲街区建设，要对照标准制定省级打分细则。 |
| 4月 | 文化和旅游部、国家开发银行 | 《关于进一步加大开发性金融支持文化产业和旅游产业高质量发展的意见》 | 加大对长城、大运河、长征、黄河等国家文化公园范围内文化产业和旅游产业项目的推介、服务、融资支持。支持国家文化产业和旅游产业融合发展示范区、国家级夜间文化和旅游消费集聚区建设。 |
| 4月 | 国家发改委等七部门 | 《文化保护传承利用工程实施方案》 | 到2025年大运河、长城、长征、黄河等国家文化公园建设基本完成，打造形成一批中华文化重要标志，相关重要文化遗产得到有效保护利用，一批重大标志性项目综合效益有效发挥。 |
| 4月 | 文化和旅游部 | 《"十四五"文化和旅游科技创新规划》 | 开展旅游景区、度假区、休闲城市和街区、乡村旅游点智慧化服务技术研究，研发旅游住宿智慧物联管理服务系统和平台。 |
| 6月 | 文化和旅游部、民政局等六部门 | 《关于营造更好发展环境 支持民营文艺表演团体改革发展的实施意见》 | 为民营文艺表演团体营造更好环境，推动实现高质量发展，繁荣发展社会主义文艺，传承弘扬优秀传统文化，进一步激发演艺市场活力，满足人民群众多样化多层次精神文化需求。 |
| 7月 | 文化和旅游部 | 《关于开展第一批国家级夜间文化和旅游消费集聚区建设工作的通知》 | 将分批次遴选、建设200家以上符合文化和旅游发展方向、文化内涵丰富、地域特色突出、文化和旅游消费规模较大、消费质量和水平较高、具有典型示范和引领带动作用的国家级夜间文化和旅游消费集聚区。 |
| 7月 | 国务院 | 《全民健身计划（2021—2025年）》 | 提出要"深入实施健康中国战略和全民健身国家战略，加快体育强国建设，构建更高水平的全民健身公共服务体系"。 |
| 8月 | 国务院办公厅 | 《关于进一步加强非物质文化遗产保护工作的意见》 | 在有效保护前提下，推动非物质文化遗产与旅游融合发展、高质量发展。以文塑旅、以旅彰文，推出一批具有鲜明非物质文化遗产特色的主题旅游线路、研学旅游产品和演艺作品。 |
| 8月 | 文化和旅游部、中共中央宣传部等八部门 | 《关于进一步推动文化文物单位文化创意产品开发的若干措施》的通知 | 坚持把社会效益放在首位、实现社会效益和经济效益相统一，鼓励开发兼具艺术性和实用性、适应现代生活需要、符合市场消费需求的文化创意产品。 |
| 9月 | 中共中央、国务院 | 《横琴粤澳深度合作区建设总体方案》 | 高水平建设横琴国际休闲旅游岛，支持澳门世界旅游休闲中心建设，在合作区大力发展休闲度假、会议展览、体育赛事观光等旅游产业和休闲养生、康复医疗等大健康产业。 |

续表

| 时间 | 部门 | 政策 | 主要内容 |
| --- | --- | --- | --- |
| 9月 | 国家发改委、商务部、文旅部等十部门 | 《关于印发全国特色小镇规范健康发展导则的通知》 | 特色小镇应聚焦产业细分门类,做强做精特色产业集群,特色产业投资占总投资比例原则上不低于60%,培育竞争优势强的领航企业。 |
| 11月 | 文化和旅游部 | 《文化和旅游部关于公布第一批国家级夜间文化和旅游消费集聚区名单的通知》 | 发布拟入选第一批国家级夜间文化和旅游消费集聚区名单。31个省(区、市)120个项目入选。 |
| 11月 | 文化和旅游部 | 《关于加强网络文化市场未成年人保护工作的意见》 | 要加大行业监管力度,包括着力规范行政审批、研究完善监管制度、切实畅通举报渠道、持续强化巡查执法、加大信用监管力度;要优化网络内容建设,包括增强正向价值引导、丰富优质内容供给;要指导加强行业自律,包括积极开展道德评议、规范网络主播管理。 |
| 12月 | 文化和旅游部 | 关于国家级滑雪旅游度假地名单的公示 | 公布了首批国家级滑雪旅游度假地名单。31个省(区、市)12个项目入选。 |
| 12月 | 国家体育总局 | 关于印发《公共体育场馆基本公共服务规范》的通知 | 对《大型体育场馆基本公共服务规范》(体经字〔2014〕411号)进行了修订,形成了《公共体育场馆基本公共服务规范》。 |

数据来源:文化和旅游部、国家发改委、国家体育总局、商务部、国家文物局、国务院办公厅

2021年,文化和旅游部、国家发改委、国家体育总局等部门从产业发展、行业监管、文化资源保护利用等多个方面,对休闲领域的发展给予了建议和指导。

在促进休闲产业发展的有关政策上,由文化和旅游部、国家发改委与国家体育总局联合出台的《冰雪旅游发展行动计划(2021—2023年)》指出,要"以2022北京冬奥会为契机,加大冰雪旅游产品供给,推动冰雪旅游高质量发展,更好满足人民群众冰雪旅游消费需求,助力构建新发展格局",争取"到2023年,推动冰雪旅游形成较为合理的空间布局和较为均衡的产业结构",实现"三亿人参与冰雪活动"的远大目标,让冰雪休闲真正融入广大人民群众的日常生活。3月份发布的《关于推动公共文化服务高质量发展的意见》提出,要"鼓励在都市商圈、文化园区等区域,引入社会力量,按照规模适当、布局科学、业态多元、特色鲜明的要求,创新打造一批融合图书阅读、艺术展览、文化沙龙、轻食餐饮等服务的'城市书房''文化驿站'等新型文化业态",对城镇居民休闲

水平的提升具有重要意义。在夜间休闲方面，文化和旅游部出台的《关于开展第一批国家级夜间文化和旅游消费集聚区建设工作的通知》中提出"将分批次遴选、建设200家以上符合文化和旅游发展方向、文化内涵丰富、地域特色突出、文化和旅游消费规模较大、消费质量和水平较高、具有典型示范和引领带动作用的国家级夜间文化和旅游消费集聚区"，以大力发展夜间文化和旅游经济，更好地满足人民日益增长的美好生活需要。

在行业监管的有关政策上，由文化和旅游部出台的《旅游休闲街区等级划分》将旅游休闲街区划分为国家级旅游休闲街区和省级旅游休闲街区两个等级，并对街区价值观、文旅特色、环境特色、业态布局、服务设施等方面进行了规范指导。由国家发改委等十部门于9月联合发布的《关于印发全国特色小镇规范健康发展导则的通知》对特色小镇进行了准确的定位，将其界定为"现代经济发展到一定阶段产生的新型产业布局形态"，是产业特而强、功能聚而合、形态小而美、机制新而活的新型发展空间，为着力解决部分特色小镇出现的概念混淆、内涵不清、主导产业薄弱等问题打下了坚实的基础。在网络文化市场监管方面，由文化和旅游部出台的《关于加强网络文化市场未成年人保护工作的意见》重点关注未成年人网络保护领域，并提出强化思想政治引领、压实市场主体责任、加大行业监管力度、优化网络内容建设、指导加强行业自律五项措施，以保障未成年人在网络空间的合法权益。在公共体育场馆监管方面，国家体育总局重新修订了2014年出台的《大型体育场馆基本公共服务规范》（体经字〔2014〕411号），从基础设施、基本管理、基本服务和满意度四个方面，对公共体育场馆基本公共服务进行规范指导。

在文化资源保护利用的相关政策上，由国家发改委牵头七部门共同印发的《文化保护传承利用工程实施方案》提出了未来五年我国文化领域发展的总体目标，"到2025年，全国城乡公共文化服务体系更加完善，重点文物和重大考古遗迹保护水平有效提升，文化旅游融合程度显著加深，扩大内需和促进消费能力不断增强，中华文化重要标志的传播度和影响力进一步彰显，人民群众获得感、幸福感、满足感明显提升"。并以国家文化公园建设为重点，着力打造中华文化重要标志，彰显中华文化重要标志的吸引力和影响力。在其后发布的《关于进一步加强非物质文化遗产保护工作的意见》和《关于进一步推动文化文物单位文化创意产品开发的若干措施》等文件中，进一步深化了文化资源与休闲产业的融合，提出要"在有效保护前提下，推动非物质文化遗产与旅游融合发展、高质量发展"，"坚持把社会效益放在首位、实现社会效益和经济效益相统一，鼓励开发兼具艺术性和实用性、适应现代生活需要、符合市场消费需求的文化创意产品"，为文化休闲的发展指明了方向。

此外，在金融支持方面，文化和旅游部与国家开发银行于2022年4月联合出台了《关于进一步加大开发性金融支持文化产业和旅游产业高质量发展的意见》（以下简称《意见》），《意见》指出，将"进一步完善文化产业和旅游产业投融资体系，更好发挥开发性金融优势，加大开发性金融对文化产业和旅游产业高质量发展的支持力度"。具体而言，包含了对重点重大项目建设、试点示范工作推进、产业创新发展、各类市场主体发展和产业国际合作等五大领域的支持工作，对休闲产业的投融资体系建设发挥了重要的作用。在科技赋能方面，文化和旅游部于4月发布了《"十四五"文化和旅游科技创新规划》（以下简称《规划》），《规划》立足于新一轮科技革命和产业变革，在总结了"十三五"成果的同时，也提出了"十四五"期间尚待解决的问题，并指出要将"科技全面融入文化和旅游生产和消费各环节，全面赋能内容生产创新、产品和业态创新、商业模式创新、治理方式创新等各领域"，"把握好数字化、网络化、智能化发展机遇，加强重点领域的关键技术研发和创新工程建设"，以促进文化和旅游的高质量发展。

# 第二章 评价体系的构建与更新

## 一、城市休闲指数的概念

成为休闲城市不一定是每个城市休闲发展的目的,但城市休闲发展一定是为了谋求城市可持续发展,并为城市中的每个人创造更美好的生活环境,建设和培育宜居和谐、人文丰富、环保健康、特色时尚的城市氛围。休闲城市评价和参与城市休闲的主体都是人,因此,在评价过程中,始终要充满人文关怀,将居民的积极的休闲需求作为最重要的评价指向。所以,无论是理解城市休闲指数内涵,构建城市休闲评价指标体系,还是进行休闲城市评价,都不能像做通常意义上的城市竞争力衡量一样,过度重视城市经济发展的优劣程度,而是要做出一个有综合性质的判断,强调人与人、人与社会、人与自然的和谐相处,能反映城市社会经济、城市基础设施、城市休闲系统、城市生态保护、城市人文风貌、城市公共管理等发展水平。

休闲城市评价体系的构建基础是城市休闲指数(City Leisure Index),故而正确理解城市休闲指数的概念非常重要。城市休闲指数是一种定量指标,它是对城市的休闲功能发展状况的综合性测算,是对不能直接相加的城市休闲化程度方面的复杂现象在数量上综合变动情况的相对数据综合测评的反映。城市休闲指数,能准确深刻地反映一个城市的休闲系统发育情况和发展潜力。

## 二、工作基础与更新意义

### (一)成果回顾与经验总结

受北京市哲学社会科学规划项目"北京市休闲产业吸引力测度及制度建设研

究 2017 年（54001/003）"和北京市平谷休闲大会组委会的支持，《中国休闲城市发展报告》（以下简称《报告》）自 2018 年问世以来已连续出版 4 年，在业内形成广泛影响，并得到读者一致好评。系列《报告》受到了 2018 第二届中国（北京）休闲大会、2020 北京·平谷世界休闲大会、2021 中国休闲度假大会、新疆日报等平台与媒体的关注报道，为助推城市休闲化进程、提质休闲城市发展水平提供了科学参考和理论支撑。

与此同时，课题组负责人吕宁教授近年来多次接受人民网、新华财经、中国旅游报、经济日报、中国城市报、人民政协报等媒体的采访，结合"非遗文化""乡村旅游""冰雪旅游""户外露营"等产业前沿热点话题，分享其对于休闲、休闲产业与休闲城市的看法见解。通过多年的积累，研究工作持续完善，理论体系不断丰富，研究基础愈发扎实，社会影响稳步提升。

在此次工作全面开展前，吕宁教授在休闲领域的研究已硕果累累。她先后主持和参与了多项国家级和省部级的休闲与旅游方面的课题，主持和参与起草了多个休闲标准，同时参与了多个地方与旅游、休闲相关的规划，在核心期刊上发表了多篇休闲研究论文，参与了多部休闲著作的编写。其出版的专著《中国城市休闲和休闲城市发展研究》为本研究的开展勾画了顶层设计，明确了推进路径，提供了有力支撑，指导着课题组更深入地挖掘城市休闲的内涵和更客观地评价休闲城市竞争力。

中国城市休闲指数评价的原始数据全部来源于最新版《中国城市统计年鉴》、各省市统计年鉴及国民经济统计公报、各省市统计网站、各省市文化旅游等部门官方网站、各省市专业型报表等公布的及时统计信息，确保所计算的数据准确无误和研究结果的科学性。城市休闲指数所涵盖的城市范围以《中国城市统计年鉴》为主，选取了 4 个直辖市、15 个副省级城市和 270 个地级以上城市的数据，因此，能全面地展现城市间休闲发展竞争力。

同时，课题组也在积极汲取休闲领域其他学者的成果精华，包括魏小安、张凌云、吴必虎、楼嘉军等，这主要体现在课题组在设置指标时，认真考究了名称设定和所包含的内容。此外，其他研究者的成果也为课题组带来了很多帮助，如基于休闲业对城市经济的推动作用探讨、中日新韩城市休闲化发展质量评价研究、关于休闲问题的哲学分析、城市文化和城市休闲功能的定位等内容，这使得课题组看问题的视角更多元化，而不仅仅局限于自己所处的领域。近年来，中国城市休闲发展发生了巨大的变化，尽管课题组已具备了扎实的研究基础，但仍然需要在研究过程中不断增加一些与时俱进的内容，同时悉心请教多位休闲领域专家，力求这份研究报告更有权威性和前瞻性。

### （二）实践意义与现实意义

进入新时代以来，我国城镇化水平不断提升，城市建设日新月异，城市功能不断完善，城市品质稳步提升，城市发展阔步前进。城市，作为一个复杂的社会生态系统，其建设与发展是一个值得重视的大课题。城市休闲化，牵涉城市产业结构、生态环境、文化氛围等多个方面，是城市各个系统的多维统一。令人欣喜的是，在"创新、协调、绿色、开放、共享"新发展理念的引领下，我国各级各类城市的休闲化发展和休闲功能打造在过去数年间获得了瞩目的成绩，取得了长足的进步。社会休闲氛围更加浓厚，城市休闲功能更加凸显，居民休闲选择更加多元……休闲功能的打造与完善成为城市发展过程中必不可少的一环，休闲活动成为广大市民朋友日常生活中不可或缺的部分。休闲与城市，两者之间关系愈发紧密。

需要注意的是，近年来，在新冠肺炎疫情常态化防控、经济发展进入新常态、科学技术发展等因素影响下，人们的休闲需求和消费习惯已经发生较大改变，休闲产业出现诸多新发展趋势，对城市休闲化建设提出了更高的要求。课题组总结过往经验，因应休闲产业和城市休闲化的变化趋势，及时更新、完善休闲城市评价指标体系，旨在与时俱进，科学把握休闲产业、休闲城市的动向，体现了评价指标体系的科学性、保证了评价结果的可信性，为我国众多城市的休闲化建设提供对比和参照。

### （三）工作思路与具体步骤

本次对现行城市休闲指数评价指标体系的更新完善工作始于2022年3月份。相关工作以"基于实践、指导实践、把握趋势、客观科学"为指导原则，全面回顾过往成绩、全面总结工作经验、全面评估提升空间，以保障更新后的评价指标体系的全面性、可比性、动态性、层次性和可度量性。

1. 指标构成的调整

（1）删除3个指标

《中国城市统计年鉴2021》中，停止发布"按产业、行业划分的城镇单位就业人员"指标相关数据,因此删除"休闲核心产业从业人员比重""居民服务业和其他服务业从业人员比重""批发和零售业从业人员比重"三项指标。

(2)修改4个指标

近年来联合国教科文组织、我国文化和旅游部等有关部门推出了系列休闲与旅游主题相关的品牌工程和城市荣誉称号,对休闲城市的建设具有积极的指导意义。因此将"国家级荣誉称号"条目名修改为"荣誉称号",不再统计"中国优秀旅游城市"相关数据并以"全域旅游示范区"取而代之。同时将"国家级夜间文化和旅游消费集聚区、国家级休闲街区、国家级旅游度假区、中国旅游休闲示范城市、国家文化和旅游消费示范城市"共5个国家级荣誉称号纳入统计。伴随着城市休闲化进程的加速,在文化自信的加持下,我国大部分城市文化的软实力也在稳步提升。国际视野越发关注中国部分城市在推动音乐、艺术、文化等产业发展中所做出的努力,先后有一批城市成功获得相关国际荣誉称号,成为当地城市休闲化进程的里程碑事件。因此也将"世界美食之都、世界文学之都、世界设计之都、世界电影之都、世界音乐之都、世界媒体艺术之都、世界民间艺术之都、东亚文化之都、联合国人居奖"共9个国际荣誉称号纳入统计范围。

原指标体系中,"国际化程度"的计算方式为"入境旅游人数除以城市居民人数"。考虑2020年新冠肺炎疫情对我国旅游业,特别是入境旅游造成的影响,删除这一指标,替代为"外资活力",用"当地外企数量占企业总数的比重"进行刻画。

考虑数据的可获取性,将"每百万人拥有剧场、影院数量"调整为"每百万人拥有电影院数量"。

原指标体系中,"每万人客运总量"指标中的客运总量是对"公路客运量""水运客运量""民用航空客运量"的加总。由于统计口径的变化,《中国城市统计年鉴2021》仅对"公路客运量"进行统计,因此将本指标调整为"每万人公路客运量"。

(3)增添4个指标

基于休闲产业发展趋势,结合专家意见,考虑数据的可获取性和权威性,增加"夜间灯光指数""商业服务业设施水平(用地占比城市建设用地面积)""每十万人博物馆数""教育投入比重(教育支出占地方一般公共预算支出的比重)"

四个指标。

综上，评价体系在保留原有的23个指标的基础上，删除3个指标，修改4个指标，增添4个指标。调整后，指标体系由31个基本指标构成。

2. 指标权重的确定

所有指标的权重均有所变化，平均变动幅度为41%，较好地体现了城市系统不同组成部分对于城市休闲功能作用力和影响机制的变化，符合城市休闲化的发展趋势。

### 三、指数评价体系的设计

城市休闲指数评价指标体系是由若干个相互联系的评价指标组成的有机整体，侧重点在于考核能满足人们休闲需求的经济基础、设施建设、政府职能、居民关注度等，在遵循指标体系构建基本原则的基础上，运用定性描述、定量分析、经验选择、专家咨询等方法，构建出能切实反映城市休闲发展水平的指标体系，包含城市形象与美誉、休闲空间与环境、休闲设施与服务、休闲经济与产业和休闲生活与消费5个二级指标、31个三级指标。

该体系共分为如下3个层次：

第一层次，目标层（A）：城市休闲指数。

第二层次，领域层（B）：包括城市形象与美誉、休闲空间与环境、休闲设施与服务、休闲经济与产业、休闲生活与消费。

第三层次，指标层（C）：本层次由能够直接被测量的具体指标组成，共选取了31个指标。

这份中国城市休闲指数综合评价体系，是建立一个科学、适用的评估方法，通过衡量全国289个地级以上城市的休闲功能，树立休闲城市的示范品牌，促进城市休闲产品和服务的创新，体现休闲创造快乐、休闲创造价值的核心理念，为城市找到科学发展的新路径。

## 四、指标及权重解释说明

休闲城市评价体系由 31 个统计性指标组成。除特别说明使用大市范围（及地级市全部范围，包含市辖区、县级市、县）的数据外，其余指标的测算范围都限定在市辖区内（包括城区和郊区，即不包括县级市、县域范围）。除特别说明的指标外，均使用 2020 年度数据。除"人口密度"和"恩格尔系数"以外，所有指标都是正向指标（即数据越大越好）。将统计性评价结果加总为休闲指标分析结果（LSA），再经过整理，最终形成中国城市休闲指数。

### （一）城市形象与美誉

城市形象与美誉主要反映一个地区城市发展的总体状况。这些荣誉综合反映了一个城市的卫生状况、历史文化资源状况、旅游发展情况、市民文明程度、绿化美化情况，间接体现了有利于城市休闲的因素，占 13.29% 的权重。

·荣誉称号：在众多的国家级荣誉称号中，选取了国家卫生城市、国家历史文化名城、国家级文明城市、国家园林城市、全域旅游示范区、国家级夜间文化和旅游消费集聚区、国家级休闲街区、国家级旅游度假区、中国旅游休闲示范城市、国家文化和旅游消费示范城市共 10 项荣誉称号进行统计。在众多世界级荣誉称号中，选择世界美食之都、世界文学之都、世界设计之都、世界电影之都、世界音乐之都、世界媒体艺术之都、世界民间艺术之都、东亚文化之都、联合国人居奖共 9 项荣誉称号进行统计。

数据来源：荣誉称号颁授部门的官方网站，相关公示公报。

评分原则：按照每获取一项国家级荣誉称号得 0.1 分、每获取一项世界级荣誉称号得 0.15 分的原则，上限为 1 分，最低为 0 分。

·国家级非物质文化遗产数：反映一个城市有影响力、有传统魅力的文化资源，是一个城市重要的文化财富，同时这些资源也是进行高品质休闲活动的有力支撑。

特别说明，对于以省级名义申报成功的非物质文化遗产，如果存在评选城市较为典型的情况，也可以计算入某城市（如"昆曲"）；但是具有全国普适性的非物质文化遗产不再计算入某城市（如"中药"）。

数据来源：中国非物质文化遗产网、中国非物质文化遗产数字博物馆。为大市范围数据。

评分原则：每拥有1项非物质文化遗产，计0.1分，10项及以上计1分。

## （二）休闲空间与环境

休闲空间与环境从自然、生活、环卫等方面反映一个城市适宜休闲的总体状况。本项包括8个二级指标，共占21.24%的权重。

· 人口密度：反映一个城市拥挤的程度。一般而言，城市人口密度越低，休闲的空间相对更大。

数据来源：《中国城市建设统计年鉴2020》。

· 空气质量优良率：反映出一个城市开展休闲活动的空气状况。良好的空气质量是开展休闲活动的有利因素。

数据来源：各省级行政区的统计年鉴及各地级市的国民经济和社会发展统计公报。为大市范围数据。

· 人均公园绿地面积：反映一个城市绿地的总体状况。更多的绿地面积能给休闲活动带来更好的环境。

数据来源：《中国城市建设统计年鉴2020》。

· 建成区绿化覆盖率：建成区是指市政区范围内经过征用的土地和实际建设发展起来的非农业生产建设地段，包括市区集中连片的部分和分散在近郊区与城市有着密切联系、具有基本完善的市政公用设施的城市建设用地。一般而言，城市建成区绿化覆盖率更能反映城市中心及周边地区的绿化覆盖率和林木覆盖率。

数据来源：《中国城市建设统计年鉴2020》。

· 人均道路面积：反映道路的拥挤程度和交通基础设施的供给状况。人均道路面积越高，意味着休闲的交通基础条件越好。

数据来源：《中国城市建设统计年鉴2020》。

· 城市生活污水集中处理率：反映城市生活污水处理厂集中处理的生活污水占城市生活污水排放总量的比例。该指标可以说明城市所具备的处理生活污水能力，以及对受纳水体的影响程度。更高的处理率意味着休闲的环境质量更高。

数据来源：《中国城市统计年鉴2021》。为大市范围数据。

· 生活垃圾无害化处理率：反映城市生活垃圾处理厂集中处理的垃圾占城市

生活垃圾总量的比例。更高的处理率意味着休闲的环境质量更好。

数据来源:《中国城市统计年鉴2021》。为大市范围数据。

·教育投入:反映城市整体的教育环境和人文氛围,更高的教育投入比重意味着更好的城市人文环境,相应地,休闲环境也会趋于良好。计算方式为教育支出占地方一般公共预算支出的比重。

数据来源:《中国城市统计年鉴2021》。

### (三)休闲设施与服务

休闲设施与服务通过国家评定的各类国家级休闲资源、文化资源、体育资源、旅游软硬件条件、交通设施等方面反映一个城市是否具备开展大规模休闲活动的条件。本项包括10个二级指标,共占25.00%的权重。

·每百万人拥有4A级及以上旅游景区数:4A、5A级旅游景区代表高品质的休闲资源,其数量的高低可以直接反映一个城市能够为本市居民和外地游客提供高品质休闲资源的能力。

数据来源:各省级行政区的统计年鉴、文化和旅游厅官网,各地级市的统计年鉴、文化和旅游局官网。为大市范围数据。

·每百万人拥有电影院数:可以反映一个城市电影和文艺演出的平均规模。电影和文艺表演是休闲活动的重要内容之一。

数据来源:于2022年5月1日,通过爬虫软件获取"淘宝淘票票""美团电影"两大线上电影票购票平台内所有电影院的实时数据,包括名称、位置等信息。进行数据比对、清洗,并筛选出各城市市辖区范围的电影院数量。

·每十万人拥有体育场馆数:在一定程度上,反映居民在休闲时间参加体育活动的设施保障。

数据来源:各省级行政区和地级市的统计年鉴、国民经济和社会发展统计公报。为大市范围数据。

·每百人公共图书馆藏书量:一方面可以大致反映出城市居民进行休闲阅读的状况;也可以从另一个侧面反映一个城市总体的文化氛围。

数据来源:《中国城市统计年鉴2021》。

·每十万人拥有博物馆数:一方面可以大致反映出城市居民在休闲时间参观博物馆的状况;也可以从另一个侧面反映一个城市的历史文化积淀。

数据来源:《中国城市统计年鉴2021》。

·每万人拥有星级饭店数：由于住宿星级饭店的主体是外来人员，因此，该指标可以在一定程度上反映城市为外来旅游者提供住宿设施的规模。

数据来源：中国酒店饭店业协会官网。其中，五星级饭店名录更新时间为2022年6月10日，一至四星级饭店名录更新时间为2022年5月31日。为大市范围数据。

·每百人拥有私人汽车数：私家车是提供居民出行的有利交通工具，私人汽车的数量既可以反映城市居民自主的休闲活动，又可以从侧面反映城市为居民提供休闲活动的丰富度。

数据来源：各省级行政区和地级市的统计年鉴、国民经济和社会发展统计公报。为大市范围数据。

·每万人拥有公共汽车数：反映一个城市公共交通的发达程度，同时也反映了城市休闲活动的便利程度。

数据来源:《中国城市统计年鉴2021》。

·每万人拥有出租车数：出租车是绝大多数城市除了公共汽车以外重要的交通选择，该指标可以反映城市休闲活动的便利程度。

数据来源:《中国城市统计年鉴2021》。

·商业服务业设施水平：商业服务业设施是休闲活动开展的前提条件，反映城市基础休闲设施的丰富程度，计算方式为商业服务业设施用地面积除以城市建设用地面积。

数据来源:《中国城市建设统计年鉴2020》。

**（四）休闲经济与产业**

休闲经济与产业是一级指标。休闲经济是休闲环境和休闲条件在经济方面的集中体现。一般而言，休闲环境和休闲条件为休闲提供了一种可能的条件，如果在此基础上，城市能够提供丰富多样的休闲类产品，休闲经济就可以得到充分的发育。本项包括6个二级指标，共占21.14%的权重。

·每万人公路客运量：反映城市内部及城市之间人员交往的频繁度，在一定程度上可以反映出休闲活动的频繁度。

数据来源:《中国城市统计年鉴2021》。为大市范围数据。

· 第三产业占比：第三产业包括生产性服务业和生活类服务业。一般来说，生活类服务业更能体现休闲经济的发展状况，尽管无法分解出生活类服务业的产值，但使用第三产业增加值占 GDP 的比重也可以大体反映休闲经济在城市中的位置。

数据来源：《中国城市统计年鉴 2021》。

· 人均旅游总收入：既包括城市为外来旅游者提供服务产生的各项收入，也包括本市居民在进行短距离旅游时产生的花费。其数值是旅游外汇收入和国内旅游收入的加总后，与旅游总人数之比。

数据来源：各省级行政区和地级市的统计年鉴、国民经济和社会发展统计公报。为大市范围数据。

· 外资活力：反映城市外资活跃度和利用水平。外资和外企是一个地区经济活力的关键指标。在一定程度上，是从国际视角对城市休闲经济的总体评价。外企数量越多、外资利用规模越大，其对外开放程度和国际化程度也越高。计算方式为规模以上外商投资工业企业数量除以常住人口数量。此处指广义上的外商企业，即非内资企业，包括港、澳、台商。

数据来源：《中国城市统计年鉴 2021》。

· 国内外游客总量：反映了城市旅游业发达程度，游客接待量越大越能体现城市休闲要素和服务接待设施的齐全程度。

数据来源：各省级行政区和地级市的统计年鉴、国民经济和社会发展统计公报。为大市范围数据。

· 夜间灯光指数：夜间灯光指数能较好反映城市夜经济活跃程度。夜经济是城市休闲产业的重要组成部分，很大程度上反映了城市居民休闲消费需求的旺盛程度。

数据来源：使用美国国家海洋与大气管理局（NOAA）的 VIIRS/DNB 影像数据。为大市范围数据。

**（五）休闲生活与消费**

收入是休闲的基础，本项主要反映城市居民的收入水平和消费力，以及互联网普及程度。本项包括 5 个二级指标，共占 19.43% 的权重。

· 人均社会消费品零售总额：购物是休闲活动的重要内容之一，这一指标可以反映商业的总体发展规模。

数据来源:《中国城市统计年鉴2021》。

·每万人国际互联网用户数:一方面,网上冲浪本身是休闲活动的组成部分;另一方面,互联网用户数还可以反映出城市的信息化水平。总体而言,更多的互联网用户更加有利于休闲经济的发展。

数据来源:各省级行政区和地级市的统计年鉴、国民经济和社会发展统计公报。为大市范围数据。

·城镇居民人均可支配收入:人均可支配收入是进行休闲消费开支的最重要的决定性因素,因而可以被用来衡量一个地区的休闲水平情况。

数据来源:各省级行政区和地级市的统计年鉴、国民经济和社会发展统计公报。为大市范围数据。

·恩格尔系数:随着家庭收入的增加,家庭收入中(或总支出中)用来购买食物的支出比例则会下降。因而,个人进行满足健康娱乐和精神需要的开支会得以增长,而休闲消费就包含这两个层次。

数据来源:各省级行政区和地级市的统计年鉴、国民经济和社会发展统计公报。为大市范围数据。

·人均地区生产总值:反映城市总体的富裕程度。由于城市休闲市场的主体消费人群是本市居民,因此较高的人均产值,一般而言也意味着较大的休闲消费潜力。

数据来源:《中国城市统计年鉴2021》。

## 五、指数计算方法与流程

### (一)数据得分

先就单个指标设定基期年份的指标得分的最大值和最小值分别是1和0,并根据各个城市的指标值确定它在0和1之间的得分。除了有明确评分原则的指标以外,正向指标计算得分的方法如下:

$$第 i 个指标得分 = \frac{V_i - V_{min}}{V_{max} - V_{min}}$$

逆向指标（仅用来计算"人口密度"）计算得分的方法如下：

$$第 i 个指标得分 = \frac{V_{max} - V_i}{V_{max} - V_{min}}$$

其中 $V_i$ 是某个城市第 $i$ 个指标的原始数据，$V_{max}$ 是与所有比较城市基本第 $i$ 个指标相对应的原始数据中数值最大的一个，$V_{min}$ 则是最小的一个。

**（二）指标权重**

城市休闲化水平评价体系较为复杂，课题组采用层次分析法，充分借助专家对城市休闲化水平的认识、感知以及研究经验进行评价，确定各指标的权重，以期对城市休闲化发展水平科学、全面、客观地进行评价。

层次分析法需要10位以上专家进行评价，以提高评价结果的准确性。因此，课题组于2022年3月18日至4月25日对12名专家进行问卷调查。在专家的选择上，采取方便抽样，邀请身边从事城市休闲经济、旅游经济、旅游休闲、旅游规划、旅游营销等与城市休闲相关研究领域的学校老师、研究学者等进行评价。专家组中5位男性，7位女性；63.6%年龄在26~35岁，各有18.2%为36~45岁、46~60岁；36.4%从事休闲、旅游研究5年以下，27.3%从事6~10年，18.2%为11~15年，各有9.1%分别为16~20年及21年以上。专家组呈现男女大致均等、中青年学者兼备、研究经验10年以内居多的特点，结构基本合理。

在实际调查中，采用线上调查的方式，共回收了12份问卷，回收率为100%。由于问卷填写需要一定时间，而时间过短可能影响评价结果的准确性。因此，本书删去了1份填答时间过短（2分钟）的问卷，其余11份问卷填答时间在9分钟至23分钟，认定为有效问卷，有效率为91.67%。调查过程为：（1）将问卷及与城市休闲化发展水平评价相关的所有资料发送给各位专家，向其介绍评价背景、评价指标体系的内容、各个评价指标的含义等，使其充分了解该评价体系；（2）在此基础上由各专家对各个评价指标的相对重要性进行评价；（3）得到各专家的判断矩阵后，进行一致性检验，若某专家的判断矩阵未通过一致性检验，则将存疑之处反馈给该专家，再次进行判断，直至一致性检验符合要求；（4）综合所有专家的判断，取平均值，得到城市休闲产业吸引力评价指标体系的最终权重。

## （三）项目得分

每个项目最终得分为数据得分 × 指标权重 ×100。比如某城市在"每百万人拥有 4A 级及以上旅游景区数"项目上得分为 0.75 分，则最终得分为：数据得分 0.75 × 指标权重 5.71% × 100=4.2825 分。

## （四）城市休闲指数

城市休闲指数为各项目最终得分的加总，分值在 100 以内。

# 第三章　中国城市休闲指数排名

## 一、休闲城市总体排名

表3-1为2021年中国休闲城市发展指数排行前20名。

表3-1　2021年中国休闲城市发展指数排行前20名

| 省份 | 城市 | 城市休闲发展指数 | | A 城市形象与美誉 | B 休闲空间与环境 | C 休闲设施与服务 | D 休闲经济与产业 | E 休闲生活与消费 |
|---|---|---|---|---|---|---|---|---|
| | | 排行 | 得分 | 得分 | 得分 | 得分 | 得分 | 得分 |
| 江苏 | 苏州 | 1 | 59.60 | 13.29 | 12.29 | 7.19 | 12.61 | 14.22 |
| | 北京 | 2 | 58.81 | 12.46 | 12.08 | 7.72 | 11.06 | 15.49 |
| 江苏 | 南京 | 3 | 58.49 | 13.29 | 12.66 | 7.13 | 9.92 | 15.49 |
| | 上海 | 4 | 57.46 | 13.29 | 9.84 | 6.67 | 12.75 | 14.90 |
| 浙江 | 杭州 | 5 | 55.60 | 13.29 | 12.17 | 6.69 | 9.89 | 13.56 |
| 浙江 | 宁波 | 6 | 55.40 | 13.01 | 12.34 | 6.44 | 10.06 | 13.54 |
| 江苏 | 无锡 | 7 | 53.83 | 12.18 | 12.48 | 6.42 | 10.30 | 12.44 |
| 广东 | 广州 | 8 | 52.27 | 11.63 | 13.14 | 4.83 | 10.82 | 11.85 |
| 广东 | 深圳 | 9 | 52.26 | 9.08 | 12.27 | 6.40 | 12.24 | 12.26 |
| 山东 | 青岛 | 10 | 51.40 | 13.29 | 12.70 | 4.95 | 8.54 | 11.93 |
| 浙江 | 湖州 | 11 | 51.34 | 9.96 | 14.55 | 7.06 | 7.52 | 12.24 |
| 江苏 | 镇江 | 12 | 51.24 | 9.19 | 12.55 | 9.67 | 8.24 | 11.60 |
| 内蒙古 | 鄂尔多斯 | 13 | 51.02 | 8.75 | 16.72 | 10.91 | 6.48 | 8.16 |
| 福建 | 厦门 | 14 | 50.93 | 11.90 | 12.35 | 5.58 | 9.75 | 11.34 |
| 湖南 | 长沙 | 15 | 50.41 | 12.52 | 11.61 | 6.87 | 7.36 | 12.05 |
| 浙江 | 绍兴 | 16 | 50.39 | 11.63 | 13.30 | 6.19 | 7.13 | 12.15 |
| 江苏 | 常州 | 17 | 50.28 | 11.07 | 12.16 | 5.58 | 8.91 | 12.56 |
| 浙江 | 温州 | 18 | 50.27 | 11.90 | 12.52 | 7.12 | 7.58 | 11.14 |

续表

| 省份 | 城市 | 城市休闲发展指数 | | A 城市形象与美誉 | B 休闲空间与环境 | C 休闲设施与服务 | D 休闲经济与产业 | E 休闲生活与消费 |
|---|---|---|---|---|---|---|---|---|
| | | 排行 | 得分 | 得分 | 得分 | 得分 | 得分 | 得分 |
| 浙江 | 嘉兴 | 19 | 50.03 | 10.52 | 12.20 | 6.78 | 9.78 | 10.76 |
| 福建 | 泉州 | 20 | 49.78 | 11.35 | 13.67 | 6.46 | 6.92 | 11.38 |

2021年位居休闲城市发展指数排名前十的城市依次为苏州、北京、南京、上海、杭州、宁波、无锡、广州、深圳、青岛。其中，排名前十的城市全部位于东部地区。与2020年相比，东部地区所占城市数量增加3席，中部地区下降1席，西部地区下降2席。

在排名前20的城市中，东部地区共有18个城市入围，比重达90%，与去年60%相比，有明显提升。18个城市覆盖了东部地区7个省、直辖市，覆盖率达58.33%。而其中，特别要指出的是江苏省和浙江省，在前10名中，有3个城市来自江苏，2个城市来自浙江；前20名中，有6个城市来自浙江，5个城市来自江苏，占据了半壁江山。中部地区和西部地区分别有1个城市入围前20名。显示出东部地区相对比下休闲水平发展较高、覆盖率较广的特点，西部和中部发展较逊色于东部地区，休闲发展还有很大的发展空间。

从休闲城市发展指数的整体排行的区域分布来看，东部地区优势突出，如图3-1所示。

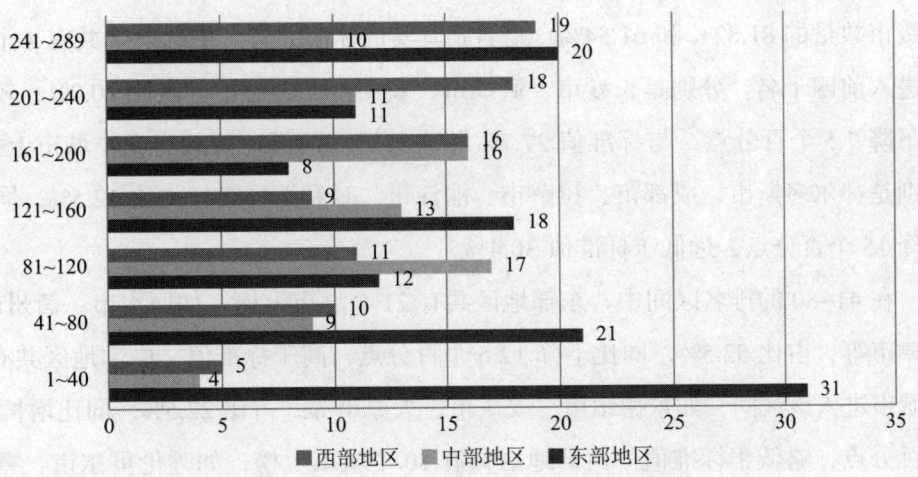

图3-1　2021年休闲城市发展指数不同排行区间各区域城市所占个数

在289个城市中，总共有东部城市121个，占比41.9%；中部城市80个，占比27.7%；西部城市88个，占比30.4%。图3-2为休闲城市发展指数不同排行区间内各区域城市所占比重。

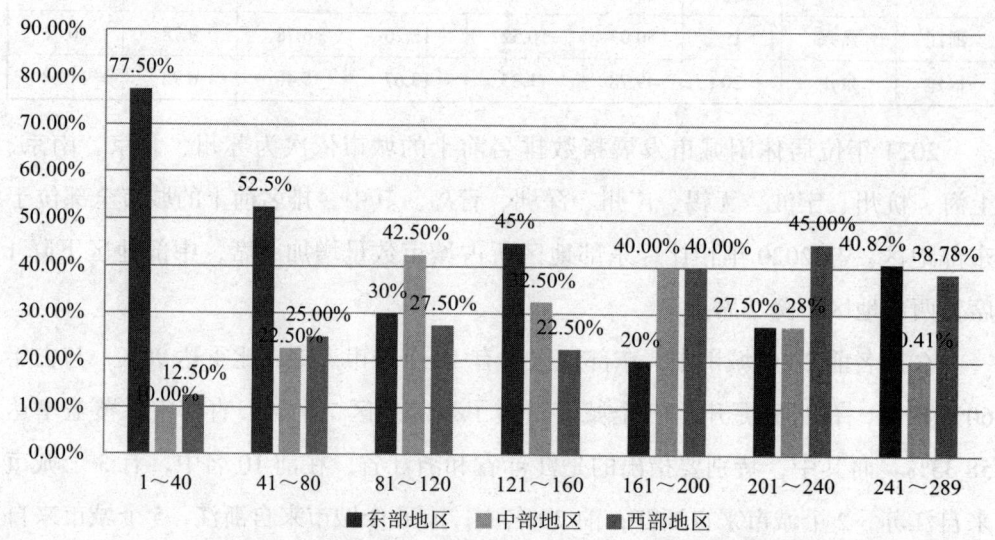

**图3-2　2021年休闲城市发展指数不同排行区间内各区域城市所占比重**

在1~40的排名区间中，东部地区共有31个城市上榜，如苏州市、北京市、南京市等，占比77.5%，同比增长27.5个百分点，远高于标准值41.9%。前十二名城市均为东部地区城市，牢牢霸居榜首，北京市、上海市2个直辖市位于第一区间内。浙江省、江苏省分别有9个和8个城市进入前四十名，分别占全省下辖地级市数量的81.82%和61.54%，是名副其实的休闲大省。中部地区共有4个城市进入前四十名，分别是长沙市、武汉市、黄山市、合肥市，占比10.0%，较去年下降7.5个百分点，与标准值27.7%相去甚远。西部地区共有5个城市上榜，分别是鄂尔多斯市、成都市、拉萨市、丽江市、呼和浩特市，占比12.5%，同比下降15个百分点，远低于标准值30.4%。

在41~80的排名区间中，东部地区共有21个城市上榜，如丽水市、衢州市、天津市等，占比52.5%，同比下降12.5个百分点，高于标准值。中部地区共有9个城市进入该区间，如景德镇市、安庆市、太原市等，占比22.5%，同比增长10个百分点，略低于标准值。西部地区共有10个城市上榜，如呼伦贝尔市、嘉峪关市、西安市等，占比25.0%，较之去年新增1个百分点，变动幅度不大，同样没有达到标准值。

在81~120的排名区间中，东部地区共有12个城市上榜，如淮安市、石家庄市、东营市等，占比30.0%，同比下降5个百分点，低于标准值。中部地区有17个城市进入该区间，如衡阳市、晋中市、郑州市等，占比42.5%，同比上升10个百分点，远高于标准值。西部地区有11个城市上榜，如通辽市、延安市、铜仁市等，占比27.5%，同比下降5个百分点，略低于标准值。

在121~160的排名区间中，东部地区共有18个城市上榜，如哈尔滨市、汕尾市、南平市等，占比45.0%，同比下降5个百分点，高于标准值。中部地区共有13个城市进入该区间，如长治市、大同市、常德市等，占比32.5%，同比增长5个百分点，高于标准值。西部地区共有9个城市上榜，如张掖市、绵阳市、安顺市等，占比22.5%，与去年持平，低于标准值。

在161~200的排名区间中，东部地区共有8个城市上榜，如张家口市、潮州市、本溪市等，占比20.0%，同比下降10个百分点，低于标准值。中部地区有16个城市进入该区间，如开封市、荆州市、临汾市等，占比40.0%，同比增长12.5个百分点，高于标准值。西部地区共有16个城市上榜，如百色市、北海市、乌鲁木齐市等，占比40.0%，同比下降2.5个百分点，高于标准值。

在201~240的排名区间中，东部地区共有11个城市上榜，如清远市、丹东市、聊城市等，占比27.5%，同比下降7.5个百分点，低于标准值。中部地区共有11个城市进入该区间，如朔州市、宿州市、鄂州市等，占比27.5%，同比下降7.5个百分点，与标准值十分接近。西部地区共有18个城市上榜，如自贡市、防城港市、南充市等，占比45.0%，同比增长12.5个百分点，远高于标准值。

在241~289的排名区间中，东部地区共有20座城市上榜，如阜新市、河源市、德州市等，占比40.82%，同比增长8.12个百分点，近乎接近标准值。中部地区共有10座城市进入该区间，如亳州市、许昌市、信阳市等，占比20.41%，同比下降18.39个百分点，略低于标准值。而西部地区共有19座城市上榜，如广安市、遂宁市、巴彦淖尔市等，占比38.78%，同比增长10.18个百分点，高于标准值。

从休闲城市发展指数不同排行区间内各区域城市所占比重图中可知，东部地区的城市休闲指数大多集中在排名的前中部分，有30余东部地区城市以绝对优势领先中西部地区城市,霸居榜单第一方阵,城市休闲发展水平遥遥领先。中部地区的城市休闲指数大多集中在排名的中间部分,呈现"橄榄型"分布。西部地区城市的休闲指数表现比较特殊,在第一、第二区间表现优于中部地区城市,但是缺少中间部分,主要集中在靠后部分。整体来说,东部地区的城市休闲发展态势良好,占有极大的优势;中部地区次之,需要加大休闲城市发展建设力度;而西部地区的个别城市休闲发展已经领先于全国平均水平,但是大部分的城市休闲基础是薄弱的,需要投入更多的努力来促进城市的休闲发展。

## 二、休闲城市分指标排名

表3-2所示为2021年十大"最佳休闲形象示范城市"排名。

表3-2  2021年十大"最佳休闲形象示范城市"排名

| 省份 | 城市 | A 城市形象与美誉 | | A1 荣誉称号 | A2 国家级非物质文化遗产数 |
|---|---|---|---|---|---|
| | | 排行 | 得分 | 得分 | 得分 |
| | 上海 | 1 | 13.29 | 7.74 | 5.55 |
| 江苏 | 南京 | 2 | 13.29 | 7.74 | 5.55 |
| 江苏 | 苏州 | 3 | 13.29 | 7.74 | 5.55 |
| 浙江 | 杭州 | 4 | 13.29 | 7.74 | 5.55 |
| 山东 | 青岛 | 5 | 13.29 | 7.74 | 5.55 |
| 四川 | 成都 | 6 | 13.29 | 7.74 | 5.55 |
| 浙江 | 宁波 | 7 | 13.01 | 7.74 | 5.27 |
| 湖北 | 武汉 | 8 | 13.01 | 7.74 | 5.27 |
| | 重庆 | 9 | 12.74 | 7.74 | 5.00 |
| 湖南 | 长沙 | 10 | 12.52 | 6.97 | 5.55 |

就参评城市而言,如表3-2所示,在十大"最佳休闲形象示范城市"排行中,东部地区有6个城市上榜,中部地区有2个城市上榜,西部地区有2个城市上榜。在休闲城市形象与美誉度建设上,东部地区更胜一筹。上海市位列榜首,江苏省南京市、苏州市紧随其后分列第二、第三位,浙江省杭州市、宁波市分列

第四、第七位,山东省青岛市位列第五位,四川省成都市位列第六位,湖北省武汉市位列第八位,重庆市位列第九位,湖南省长沙市位列第十位。上述城市皆有较高的知名度、曝光度、关注度,为城市休闲氛围的营造提供了重要保障。

表3-3所示为2021年十大"最佳休闲环境示范城市"排名。

表3-3 2021年十大"最佳休闲环境示范城市"排名

| 省份 | 城市 | B 休闲空间与环境指数 | | B1 人口密度 | B2 人均绿地面积 | B3 建成区绿化覆盖率 | B4 人均城市道路面积 | B5 空气质量优良率 | B6 城市生活污水集中处理率 | B7 教育投入 | B8 生活垃圾无害化处理率 |
|---|---|---|---|---|---|---|---|---|---|---|---|
| | | 排行 | 得分 | 得分 | 得分 | 得分 | 得分 | 得分 | 得分 | 得分 | 得分 |
| 内蒙古 | 鄂尔多斯 | 1 | 16.72 | 1.79 | 2.76 | 1.95 | 2.35 | 2.97 | 1.41 | 1.33 | 2.16 |
| 山东 | 威海 | 2 | 16.02 | 1.99 | 1.76 | 2.30 | 1.74 | 2.95 | 1.38 | 1.74 | 2.16 |
| 甘肃 | 嘉峪关 | 3 | 15.89 | 2.14 | 2.80 | 1.61 | 1.57 | 3.05 | 1.39 | 1.17 | 2.16 |
| 宁夏 | 固原 | 4 | 15.59 | 1.49 | 2.68 | 1.70 | 1.45 | 3.42 | 1.37 | 1.32 | 2.16 |
| 江西 | 景德镇 | 5 | 15.10 | 1.83 | 0.89 | 3.37 | 1.22 | 3.62 | 1.30 | 0.71 | 2.16 |
| 江西 | 新余 | 6 | 14.91 | 1.89 | 1.13 | 2.94 | 0.97 | 3.40 | 1.38 | 1.03 | 2.16 |
| 安徽 | 黄山 | 7 | 14.56 | 2.12 | 0.85 | 2.59 | 1.27 | 3.62 | 1.35 | 0.59 | 2.16 |
| 浙江 | 湖州 | 8 | 14.55 | 1.99 | 0.93 | 2.37 | 1.14 | 3.47 | 1.39 | 1.10 | 2.16 |
| 福建 | 龙岩 | 9 | 14.45 | 1.83 | 0.82 | 2.42 | 0.71 | 3.62 | 1.34 | 1.55 | 2.16 |
| 广东 | 阳江 | 10 | 14.45 | 2.10 | 1.60 | 1.79 | 0.83 | 3.34 | 1.42 | 1.20 | 2.16 |

就参评城市而言,如表3-3所示,在十大"最佳休闲环境示范城市"排行中,东部地区有4个城市上榜,中部地区有3个城市上榜,西部地区有3个城市上榜。在休闲空间与环境建设上,中西部地区比东部地区更有先天优势,单从排名上看,东中西部地区并未有明显差别。内蒙古自治区鄂尔多斯市、山东省威海市、甘肃省嘉峪关市分列前三名。宁夏回族自治区固原市位列第四,江西省景德镇市、新余市分列第五、第六位,安徽省黄山市位列第七,浙江省湖州市位列第八,福建省龙岩市位列第九,广东省阳江市位列第十。

表3-4所示为2021年十大"最佳休闲服务示范城市"排名。

表 3-4　2021 年十大"最佳休闲服务示范城市"排名

| 省份 | 城市 | C 休闲设施与服务 | | C1 每百万人拥有4A级及以上旅游景区数 | C2 每百万人拥有电影院数 | C3 每十万人拥有体育场馆数 | C4 每百人公共图书馆藏书 | C5 每十万人博物馆数 | C6 每万人拥有星级饭店数 | C7 每百人拥有私人汽车数 | C8 每万人拥有公共汽车数 | C9 每万人拥有出租车数 | C10 商业服务业设施水平 |
|---|---|---|---|---|---|---|---|---|---|---|---|---|---|
| | | 排行 | 得分 | 得分 | 得分 | 得分 | 得分 | 得分 | 得分 | 得分 | 得分 | 得分 | 得分 |
| 安徽 | 黄山 | 1 | 19.00 | 3.84 | 1.54 | 1.19 | 0.66 | 2.29 | 0.50 | 0.65 | 0.24 | 0.19 | 0.60 |
| 甘肃 | 嘉峪关 | 2 | 16.66 | 3.14 | 1.28 | 2.20 | 0.66 | 0.97 | 0.78 | 1.14 | 0.18 | 0.43 | 0.93 |
| 西藏 | 拉萨 | 3 | 11.03 | 1.81 | 2.55 | 0.89 | 0.34 | 0.66 | 1.59 | 1.53 | 0.41 | 0.49 | 0.90 |
| 内蒙古 | 鄂尔多斯 | 4 | 10.20 | 2.64 | 1.82 | 0.62 | 1.13 | 0.71 | 0.26 | 1.34 | 0.41 | 0.67 | 1.31 |
| 黑龙江 | 黑河 | 5 | 10.16 | 0.92 | 1.74 | 1.08 | 0.49 | 3.10 | 0.23 | 0.65 | 0.21 | 1.01 | 0.67 |
| 内蒙古 | 呼伦贝尔 | 6 | 10.10 | 1.41 | 2.34 | 1.44 | 0.07 | 0.81 | 0.23 | 0.82 | 1.57 | 0.63 | |
| 江苏 | 镇江 | 7 | 9.67 | 0.55 | 2.30 | 2.92 | 1.39 | 0.22 | 0.14 | 0.79 | 0.59 | 0.22 | 0.54 |
| 云南 | 丽江 | 8 | 9.43 | 1.41 | 1.38 | 0.33 | 0.25 | 0.68 | 2.56 | 0.68 | 0.69 | 0.47 | 1.04 |
| 广东 | 珠海 | 9 | 8.98 | 0.48 | 2.29 | 0.67 | 0.61 | 0.08 | 0.49 | 1.19 | 0.48 | 0.25 | 2.35 |
| 黑龙江 | 伊春 | 10 | 8.97 | 2.46 | 0.38 | 2.17 | 0.49 | 0.40 | 0.18 | 0.30 | 0.53 | 0.93 | 0.78 |

就参评城市而言，如表 3-4 所示，在十大"最佳休闲服务示范城市"排行中，西部地区有 5 个城市上榜，东部地区有 4 个城市上榜，中部地区有 1 个城市上榜。在休闲服务建设上，西部地区的优势大于中东部地区。从排名上看，安徽省黄山市、甘肃省嘉峪关市、西藏自治区拉萨市分列前三名，内蒙古自治区的鄂尔多斯市、呼伦贝尔市分列第四、第六位，黑龙江省黑河市、伊春市分列第五、第十位，江苏省镇江市位列第七，云南省丽江市位列第八，广东省珠海市位列第九。

表 3-5 所示为 2021 年十大"最佳休闲经济示范城市"排名。

表 3-5  2021年十大"最佳休闲经济示范城市"排名

| 省份 | 城市 | D 休闲经济与产业 | | D1 每万人公路客运量 | D2 第三产业占比 | D3 人均旅游总收入 | D4 外资活力 | D5 国内外游客总量 | D6 夜间灯光指数 |
|---|---|---|---|---|---|---|---|---|---|
| | | 排名 | 得分 | 得分 | 得分 | 得分 | 得分 | 得分 | 得分 |
| | 上海 | 1 | 12.75 | 0.01 | 3.46 | 1.67 | 1.03 | 3.05 | 3.54 |
| 江苏 | 苏州 | 2 | 12.61 | 0.39 | 2.31 | 3.06 | 2.34 | 1.20 | 3.32 |
| 广东 | 深圳 | 3 | 12.24 | 0.07 | 2.71 | 3.93 | 1.06 | 0.64 | 3.85 |
| 广东 | 东莞 | 4 | 11.39 | 0.01 | 1.60 | 2.97 | 2.61 | 0.21 | 3.99 |
| | 北京 | 5 | 11.06 | 0.27 | 4.19 | 2.12 | 0.24 | 2.36 | 1.88 |
| 广东 | 广州 | 6 | 10.82 | 0.23 | 3.41 | 3.30 | 0.58 | 0.53 | 2.76 |
| 江苏 | 无锡 | 7 | 10.30 | 0.12 | 2.36 | 2.38 | 1.52 | 0.77 | 3.15 |
| 广东 | 珠海 | 8 | 10.27 | 0.11 | 2.21 | 2.68 | 1.63 | 0.12 | 3.52 |
| 浙江 | 宁波 | 9 | 10.06 | 0.06 | 2.39 | 2.14 | 1.40 | 1.60 | 2.47 |
| 江苏 | 南京 | 10 | 9.92 | 0.15 | 2.75 | 2.57 | 0.49 | 1.24 | 2.71 |

就参评城市而言，如表3-5所示，在"最佳休闲经济示范城市"排行榜中，上榜城市均为东部地区城市，且集中在苏浙沪、北京、广东五大省域范围。可见在遭受新冠肺炎疫情的冲击后，2020年东部地区的休闲产业经济恢复势头强于中西部地区。从排名上看，上海市位列榜首，江苏省苏州市、无锡市、南京市分列第二、第七、第十位，广东省深圳市、东莞市、广州市、珠海市分列第三、第四、第六、第八位，北京市位列第五，浙江省宁波市位列第九。

表3-6所示为2021年十大"最佳休闲消费示范城市"排名。

表 3-6  2021年十大"最佳休闲消费示范城市"排名

| 省份 | 城市 | E 休闲生活与消费 | | E1 人均社会消费品零售总额 | E2 每万人国际互联网用户数 | E3 城镇居民人均可支配收入 | E4 恩格尔系数 | E5 人均地区生产总值 |
|---|---|---|---|---|---|---|---|---|
| | | 排行 | 得分 | 得分 | 得分 | 得分 | 得分 | 得分 |
| | 北京 | 1 | 15.49 | 3.06 | 0.57 | 4.93 | 3.49 | 3.44 |
| 江苏 | 南京 | 2 | 15.49 | 3.84 | 1.29 | 4.15 | 2.89 | 3.30 |
| | 上海 | 3 | 14.90 | 3.13 | 0.65 | 5.01 | 2.89 | 3.22 |

续表

| 省份 | 城市 | E 休闲生活与消费 | | E1 人均社会消费品零售总额 | E2 每万人国际互联网用户数 | E3 城镇居民人均可支配收入 | E4 恩格尔系数 | E5 人均地区生产总值 |
|---|---|---|---|---|---|---|---|---|
| | | 排行 | 得分 | 得分 | 得分 | 得分 | 得分 | 得分 |
| 江苏 | 苏州 | 4 | 14.22 | 3.02 | 1.02 | 4.48 | 2.86 | 2.85 |
| 浙江 | 杭州 | 5 | 13.56 | 2.55 | 0.94 | 4.26 | 2.91 | 2.90 |
| 浙江 | 宁波 | 6 | 13.54 | 2.57 | 0.93 | 4.20 | 2.60 | 3.25 |
| 福建 | 福州 | 7 | 12.57 | 3.99 | 0.94 | 2.39 | 2.18 | 3.08 |
| 江苏 | 常州 | 8 | 12.56 | 2.20 | 1.12 | 3.47 | 2.69 | 3.07 |
| 江苏 | 无锡 | 9 | 12.44 | 1.89 | 0.97 | 3.88 | 2.72 | 2.98 |
| 广东 | 深圳 | 10 | 12.26 | 2.33 | 0.49 | 3.89 | 2.24 | 3.30 |

就参评城市而言，如表3-6所示，在"最佳休闲消费示范城市"排行榜中，10个上榜城市均为东部地区城市，霸占了整个榜单，中部和西部地区没有一个城市上榜。其中主要集中在长三角地区。由于东部地区发达的经济和较高的人均可支配收入，在休闲消费的水平上，东部地区的优势远远大于中西部地区，甚至可以说是占据绝对优势。从排名上看，北京市位列榜首，上海市位列第三，江苏省南京市、苏州市、常州市、无锡市分列第二、第四、第八、第九位，浙江省杭州市、宁波市分列第五、第六位，福建省福州市位列第七，广东省深圳市位列第十。

## 三、最佳休闲形象城市建设

### （一）总体特征

最佳休闲形象城市的特征如下：一是世界级、国家级荣誉称号多。本指标所统计的荣誉称号均直接与城市的休闲功能相关，荣誉称号越多，代表城市的休闲基础越扎实、城市的休闲功能越完善、城市的休闲氛围越浓厚。共有7座城市在"荣誉称号"这一指标上获得满分，包括江苏省苏州市、四川省成都市、江苏省南京市等。在本指标所统计的10个国家级荣誉称号和9个世界级荣誉称号中，上述城市分别平均拥有8.86个和1.86个。二是国家级非物质文化遗产多。本领域共有 6 座城市在"国家级非物质文化遗产数"这一指标上获得满分，分别是上海市、江苏省南京市和苏州市、浙江省杭州市、山东省青岛市、四川省成都市。

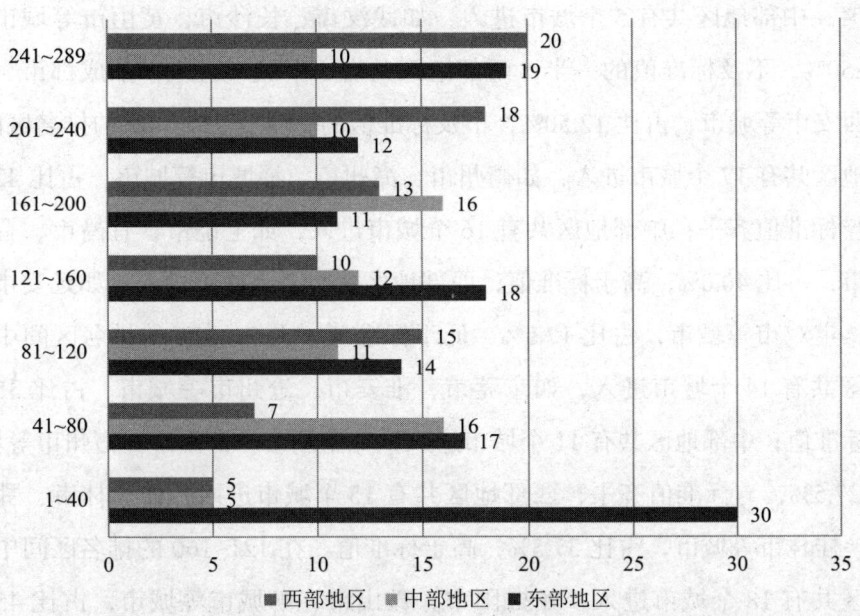

图 3-3 城市形象与美誉指数不同排行区间各区域城市所占个数

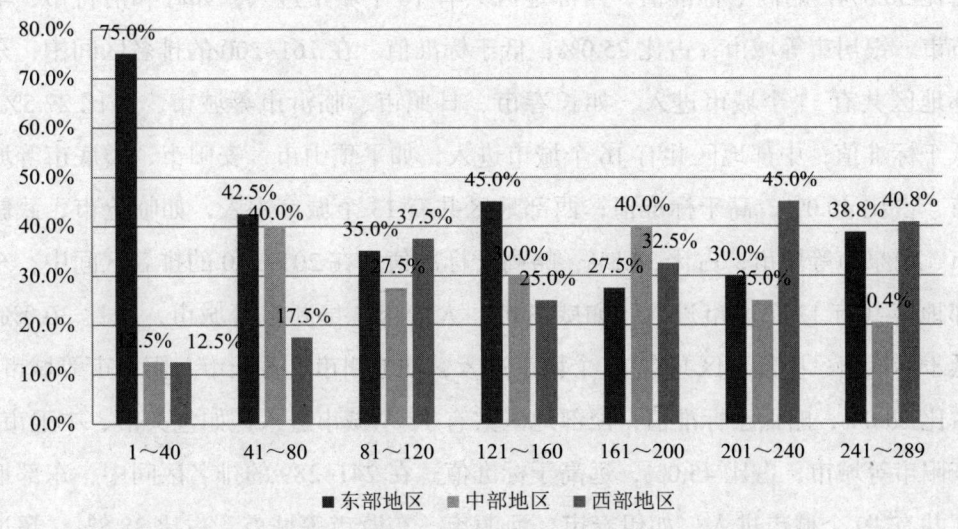

图 3-4 城市形象与美誉指数不同排行区间内各区域城市所占比重

图 3-3 所示为城市形象与美誉指数不同排行区间各区域城市所占个数。图 3-4 所示为城市形象与美誉指数不同排行区间内各区域城市所占比重。

从城市形象与美誉指数的总体排名来看，在1~40的排名区间中，东部地区有30个城市进入，如上海市、南京市、苏州市等城市，占比75.00%，远高于标准值；中部地区共有5个城市进入，如武汉市、长沙市、黄山市等城市，占比12.50%，不及标准值的一半；西部地区共有5个城市进入，如成都市、重庆市、西安市等城市，占比12.50%，不及标准值的一半。在41~80的排名区间中，东部地区共有17个城市进入，如衢州市、漳州市、淄博市等城市，占比42.5%，基本与标准值齐平；中部地区共有16个城市进入，如上饶市、宜昌市、晋城市等城市，占比40.0%，高于标准值；西部地区共有7个城市进入，如延安市、西宁市、宝鸡市等城市，占比17.5%，低于标准值。在81~120的排名区间中，东部地区共有14个城市进入，如东莞市、淮安市、沧州市等城市，占比35.0%，低于标准值；中部地区共有11个城市进入，如阜阳市、邵阳市、宿州市等城市，占比27.5%，与标准值齐平；西部地区共有15个城市进入，如榆林市、鄂尔多斯市、桂林市等城市，占比37.5%，高于标准值。在121~160的排名区间中，东部地区共有18个城市进入，如揭阳市、鞍山市、聊城市等城市，占比45.0%，高于标准值；中部地区共有12个城市进入，如合肥市、大同市、衡阳市等城市，占比30.0%，略高于标准值；西部地区共有10个城市进入，如呼和浩特市、毕节市、银川市等城市，占比25.0%，低于标准值。在161~200的排名区间中，东部地区共有11个城市进入，如长春市、日照市、临沂市等城市，占比27.5%，低于标准值；中部地区共有16个城市进入，如平顶山市、安阳市、娄底市等城市，占比40.0%，高于标准值；西部地区共有13个城市进入，如临沧市、武威市、酒泉市等城市，占比32.5%，略高于标准值。在201~240的排名区间中，东部地区共有12个城市进入，如威海市、大庆市、阜新市等城市，占比30.0%，低于标准值；中部地区共有10个城市进入，如池州市、益阳市、阳泉市等城市，占比25.0%，略低于标准值；西部地区共有18个城市进入，如包头市、中卫市、庆阳市等城市，占比45.0%，远高于标准值。在241~289的排名区间中，东部地区共有19个城市进入，如伊春市、河源市、东营市等城市，占比38.8%，超过标准值；中部地区共有10个城市进入，如滁州市、湘潭市、荆门市等城市，占比20.4%，低于标准值；西部地区共有20个城市进入，如钦州市、铜川市、眉山市等城市，占比40.8%，远高于标准值。

从以上整体排名分析可知，东部地区的城市在各排行区间的分布比较平均，说明东部地区的各个城市在休闲空间与环境的建设上水平参差不齐；中部地区的城市主要分布在排名的中后区间内，中部地区的城市在休闲空间与环境上的建设尚不够好；西部地区的城市分布较特殊，集中在前部区间，平均分布在中部区间，说明西部地区的城市在休闲空间与环境的建设上取得了一定的成绩，但是各城市之间有很大的差距，在休闲空间与环境排名落后的城市应积极学习排名靠前的城市的建设经验，使得整个地区在休闲空间与环境的建设上呈现出均衡的发展态势。

（二）建设经验

在"最佳休闲形象示范城市"排行中，上海市、南京市、苏州市、杭州市、青岛市、成都市并列第一，这些城市在形象塑造方面有着多样的方法和丰富的经验。上海是中国四个直辖市之一，集科技、经济、金融、贸易、旅游、文化为一体，拥有"购物天堂""魔都""东方明珠""东方巴黎"等美称。开放、创新、包容，是上海的城市品格，江南文化、红色文化与海派文化，共同铸就了上海的精神气质，其海纳百川、兼收并蓄的气度和中外文化交融的特点，使上海世界大舞台绽放独特光彩。1986年，国务院批准上海市为全国第二批国家历史文化名城。2005年起至今，上海先后共有10个古镇被列为中国历史文化名镇，2个古村被列为国家历史文化名村，不可移动文物、历史建筑的数量不断增多。上海现有五批市级非物质文化遗产名录项目，共220项；上海现有五批非物质文化遗产项目代表性传承人，共647名。①上海作为全国第一大城市，无论城市软实力提升，还是城市形象塑造，其前瞻性意识都遥遥领先。中共上海十一届市委十一次全会审议通过《中共上海市委关于厚植城市精神彰显城市品格全面提升上海城市软实力的意见》，提出"着力增强全球叙事能力，扩大城市软实力的国际影响"②。据《2021年中国城市海外短视频平台影响力榜单》和相关报告显示，截至2022年1月10日，上海作为海外短视频社交平台TikTok上影响力排名第二的中国城市，"#shanghai"标签下相关视频播放量已达4.02亿次③。会议旅游是旅游

---

① 上海市非物质文化遗产网. http://www.ichshanghai.cn/.
② 新民晚报. https://baijiahao.baidu.com/s?id=1703276929922466897&wfr=spider&for=pc.
③ 文汇报. https://baijiahao.baidu.com/s?id=1724100640953719705&wfr=spider&for=pc.

业的细分市场，也被全球业界视为"皇冠上的明珠"，上海是中国会展之都，展会数量居全国首位，会展年总收入占全国近50%，招商引资的同时还能很好地宣传城市形象，如2010年的世界博览会。数字时代，影视剧是讲述城市故事、展示城市形象的别样方式，从《上海滩》《上海往事》到《三十而已》《我的前半生》，文化影视、旅游观光、消费经济都可以因为"取景地"串联在一起，上海影视产业规模越来越大，极大程度上推动了上海的城市形象宣传与休闲经济的发展。2022年新年伊始，上海市人民政府新闻办公室与文汇报社联合推出的一部名为《爱上海的理由》的系列微电影，讲述了上海这座魅力之都的美好生活。[①]

南京是中国四大古都、首批国家历史文化名城，是中华文明的重要发祥地，秦淮河的水、紫金山的绿、古城墙的坚实，养育并维护着南京四季清新的气息。六朝古都、大明遗产、近代实业，奠定了南京社会经济文化发展的基础。传承千年文学传统，2019年获评"世界文学之都"称号。南京大学教科资源丰富，享有"天下文枢""东南第一学"的美誉。目前，南京非物质文化遗产市级代表性项目共有195项，其中被列入联合国教科文组织人类非物质文化遗产代表作名录的有4项；列入国家级非遗名录的13项；列入省级非遗名录的76项。此外南京市还有120个老地名列入非物质文化遗产保护，如七家湾、幕府山、乌衣巷、朱雀桥等。南京市近年来不断深化"江南古都""秦淮文化"的概念，坚定不移地打造"六朝古都，文化南京"的城市旅游形象，策划和运作了大量的旅游节庆活动和盛典，如南京现有的国际梅花节、雨花石艺术节、夫子庙庙会、"中国南京世界历史文化名城博览会"以及一年一度的秦淮灯会等。从2016年成为国家首批文化消费试点城市，到2020年升级为首批国家文化和旅游消费示范城市，再到2022年入选国家文化产业和旅游产业工作督查激励地方名单，南京文旅产业结构持续优化升级。[②]目前，南京已成功创建秦淮区、江宁区2个国家级全域旅游示范区，以及5个省级全域旅游示范区；夫子庙—秦淮风光带和长江路跻身首批国家级夜间文旅消费集聚区，此外还有3个省级夜间文旅消费集聚区；2020年12月，雨花台烈士纪念馆、南京中国科举博物馆成功创建成为国家一级博物馆。2019年，南京市发布《打造"夜之金陵"品牌的实施方案》，"夜之金陵"

---

① https://baijiahao.baidu.com/s?id=1723277360546177987&wfr=spider&for=pc.
② 中国江苏网. https://baijiahao.baidu.com/s?id=1735593853438609785&wfr=spider&for=pc.

的南京夜间经济整体对外形象应运而生，打造又一张属于南京的城市名片。①

作为国家首批历史文化名城，苏州拥有得天独厚的地理、自然环境优势和深厚底蕴的区域传统文化，享有"鱼米之乡""园林之城""丝绸之府""文物之邦""中国大陆创新能力城市""中国大陆最佳商业城市""中国投资环境金牌城市"等诸多美誉，还拥有"手工艺与民间艺术之都"和"世界遗产典范城市"两张世界级名片，更有"上有天堂，下有苏杭"的民谚广为流传。苏州拥有2500多年建城史，在历史发展过程中产生了璀璨的吴文化、江南文化、红色文化，以及苏州"三大法宝"（即张家港精神、昆山之路、园区经验）。近年来，苏州市政府一直致力于促进城市的进一步发展，积极运用各种营销方式，不断推动苏州城市形象打造。苏州开展了大量的城市品牌营销活动，通过一系列的项目营销活动使苏州作为旅游城市的整体品牌形象得到了强化和提升。苏州旅游通过打造海外媒体传播矩阵，在 Facebook、YouTube 等国际社交平台积极开展"让全世界通过网络看苏州"等系列活动，使苏州城市形象取得了显著的宣传成效。国务院印发的《"十四五"旅游业发展规划》提出，支持苏州等地建设世界级旅游城市，打造一批重点旅游城市、特色旅游地。苏州被列入重点旅游城市名单。②2022年4月15日，苏州市委、市政府印发《苏州市"十四五"园林绿化和林业发展规划》，明确到"十四五"末，建成举世闻名的"园林之城"，全面完成苏州古典园林修复修缮和遗址保护工作；建设城乡绿化一体化发展的"公园城市"，打造具有苏州特色的"古典园林、城市公园、城市绿化、森林湿地、自然公园"五大生态系统；争创人与自然和谐共生的"国际湿地城市"③。苏州市连续举办中国苏州江南文化艺术·国际旅游节、中国苏州创博会、苏州国际设计周、苏州文化旅游（巴黎）推介会、威尼斯苏州周、iSING! Suzhou 国际青年歌唱家艺术节等活动。近年来，苏州的多元城市形象频频通过电视剧、电影、综艺等众多的艺术形式呈现在观众面前，不仅传播了老苏州城的人文风情，而且还向世界展示了苏州城日新月异的现代都市形象，吸引外资，使得旅游业、商业以及其他第三产业取

---

① 南京市人民政府. http://www.nanjing.gov.cn/xxgkn/zfgb/201910/t20191028_1690981.html.
② 国务院关于印发"十四五"旅游业发展规划的通知. 国发〔2021〕32号.
③ http://ylj.suzhou.gov.cn/szsylj/zcwj/202204/20512515b6064d2abf4824689c43f1bc.shtml.

得突飞猛进的发展。[①]

杭州有着悠久的历史，灿烂的历史文化为杭州这座城市留下了"人间天堂""文化之邦""宗教圣地""东南诗国""书画之邦""丝绸之府""古都名城""旅游胜地"等"城市金名片"，是原国家旅游局确定的中国最佳旅游目的地城市。杭州作为国家历史文化名城、全国重点风景旅游城市、浙江省省会城市和长江三角洲重要中心城市，始终高度重视把历史文化名城作为自身发展的亮丽名片。杭州是世界上第一个以城市整体区域入选世界遗产名录的城市，在历史文化遗产方面，杭州还拥有良渚遗址、西溪湿地、钱塘江古海塘、跨湖桥遗址、南宋皇城遗址等自然与文化遗产，塑造了杭州的独特韵味。近年来，杭州市政府始终以文化建设引领城市发展为原则，坚持把文化传承和文化建设摆在城市发展的突出战略位置，发布了《杭州市委市政府关于加快"一名城、四强市"建设的意见》（2006）、《中共杭州市委关于全面提升杭州城市国际化水平的若干意见》（2016）、《关于杭州建设文化名城的若干意见》（2019）等指导性政策文件，贯彻执行建设"生活品质之城""东方品质之城"到建设"独特韵味、别样精彩"的世界名城。2012年，杭州确定文化创意产业成为其重点发展的十大产业之首，并发布《杭州市十大产业发展总体规划（2011—2015年）》《杭州市文化创意产业发展规划（2009—2015年）》等重要规划，杭州市委、市政府明确提出了将杭州打造成以文化、创业、环境高度融合为特色的"国内领先、世界一流"全国文化创意产业中心，截至2017年，杭州文创产业竞争力已经位居国内城市第三。杭州扎实推进全国生态文明建设试点和国家低碳城市试点，被评为国际花园城市、国家环保模范城市、国家森林城市、综合创新型生态城市和国家生态市，并荣获联合国人居奖。2017年，杭州正式入选联合国世界旅游组织（UNWTO）评定的全球15个旅游最佳实践样本城市。从2016中国G20杭州峰会、2018年世界短池游泳锦标赛到2022年亚运会，杭州是中国主要的会展城市之一，是世界休闲博览会、中国国际动漫节和中国国际微电影展的终身举办城市。

青岛，因树木繁多、四季常青而得名，别称岛城、琴岛、胶澳，是国务院批复确定的中国沿海重要中心城市和滨海度假旅游城市，被誉为"东方瑞士"，是

---

[①] 陶莉，周晨，薛莲.苏州城市形象塑造的途径探索——以近十年影视剧中苏州城市形象为例[J].管理观察，2018（13）：69~71.

中国帆船之都、亚洲最佳航海城、世界啤酒之城、联合国"电影之都"、中国品牌之都等。青岛是国家历史文化名城、中国道教发祥地，国家级非遗传承14个、省级非遗传承55个、市级非遗传承167个，还是国家8个国际会议城市之一，啤酒节、帆船周、马拉松、服装周等各类时尚活动和赛事云集。始于1991年的青岛国际啤酒节是亚洲最大的啤酒节，与捷克啤酒节、德国慕尼黑啤酒节、日本札幌啤酒节一同并列为全球四大啤酒节，以啤酒为媒介，对青岛旅游休闲、文化娱乐、经济贸易进行全面宣传展示。2007年，青岛海湾成为世界上30个享有"世界最美海湾"美名的海湾之一，是中国第一片"世界最美海湾"。2008年，青岛成功举办第29届奥运会帆船比赛，成为奥运之城，"世界帆船之都"成为青岛新的城市名片，2015年获得"世界帆船运动发展突出贡献奖"，成为国际公认的帆船之都。2017年青岛成为联合国授予中国的首个"电影之都"，随着影视文化产业区的崛起，诞生了《长城》《流浪地球》等里程碑式的作品，被誉为"中国科幻大片的摇篮"。2016年批复的《青岛市城市总体规划（2011—2020年）》，明确青岛市城市发展定位提升为国家沿海重要中心城市和滨海度假旅游城市、国际性港口城市、国家历史文化名城。2019年印发的《青岛国际时尚城建设攻势作战方案（2019—2022年）》，特别提出"国际时尚城"的概念，把青岛建设成为创意活跃、消费时尚、文化多元、体育发达、会展高端、令人向往的国际时尚城。[①]2020年发布《青岛市推进"国际化+"行动计划（2020/2021年）》，全面建设"开放、现代、活力、时尚"的国际大都市。

成都是古蜀文明发祥地，境内拥有三千多年历史的金沙遗址、两千多年历史的都江堰，拥有武侯祠、杜甫草堂、明蜀王陵、望江楼、青羊宫等名胜古迹，有无数的墨客雅士、风流人物留下的历史文化遗迹，是国家历史文化名城、中国最佳旅游城市、南方丝绸之路的起点、联合国教科文组织命名的世界美食之都，享有"天府之国""西部之心"的美誉。在《成都市城市总体规划（2016—2035年）》中，成都明确将建设"公园城市"和"世界文化名城"，并最终迈向"可持续发展的世界城市"。2017年成都发布《西部文创中心建设行动计划》。2018年成都召开世界文化名城大会，提出打造"三城三都"，即世界文创名城、世界

---

① 青岛日报. https://www.dailyqd.com/epaper/html/2019-07/11/content_254849.htm.

旅游名城、世界赛事名城，国际美食之都、国际音乐之都、国际会展之都，"三城三都"融合发展，互动共赢。①2019年审议通过《中共成都市委关于弘扬中华文明发展天府文化加快建设世界文化名城的决定》，描绘了进阶世界级城市的路线图。2003年成都邀请张艺谋导演为成都拍摄了情境式宣传片——《成都，一座来了就不想离开的城市》，随后该影片名常被用于城市宣传口号。2017年赵雷的一曲《成都》火遍大街小巷，甚至引发了听完《成都》，"说走就走"去成都旅行的时尚。成都的网红城市打造之路，最关键的环节就是抓住了互联网传播新机遇，通过短视频、社交平台、新媒体，强势打造社交媒体矩阵，成功进行了一次次风靡全国甚至全球的文化输出，如2020年的"甜野男孩"丁真、熊猫频道iPANDA带来的熊猫粉。在国际知名城市化研究智库GaWC《世界城市名册2020》中，成都位列全球第59名，是唯一入选Beta+的中国城市，持续蝉联"中国最具幸福感城市""新一线城市"榜首。②

## 四、最佳休闲环境城市建设

### （一）总体特征

最佳休闲环境城市的特征如下：一是人口密度小。人口密度越低，城市居民能够获得的休闲空间就越大。如甘肃省嘉峪关市、安徽省黄山市、广东省阳江市的人口密度分别仅为695人/平方公里、783人/平方公里、892人/平方公里，在"人口密度"这一指标的得分均超过2分。二是生态环境好。表现在良好的空气质量、高水平的城市绿化，由"空气质量优良率""人均绿地面积""建成区绿化覆盖率"三个指标体现。生态环境是休闲环境的重要组成部分，良好的生态环境是休闲活动开展的前提。如榜单中的江西省景德镇市，空气质量优良率为99.7%，全年仅有1天的空气质量出现了轻度污染。除此之外，景德镇市的建成区绿化覆盖率也高达53.96%，高居全国榜首。三是污染防治强。表现在城市生活污水集中处理率和生活垃圾无害化处理率高。类似地，更好的污染防治能力意味着更好的生态环境。

---

① 成都市温江区人民政府. http://www.wenjiang.gov.cn/wjzzw/wjxw/2018-09/27/content_f9ffe2e5652a40f7919211bcd03ff3fe.shtml.

② 央广网. https://baijiahao.baidu.com/s?id=1675814568513191283&wfr=spider&for=pc.

如榜单前十的城市中,除鄂尔多斯市、固原市2个城市以外,其余8个城市的生活垃圾无害化处理率均为100.0%。四是交通条件优。表现在"人均道路面积"大,此项指标越高,意味着交通通达度越高,交通基础设施条件越好。五是科教氛围浓。城市对科学教育的重视程度越高,社会文化氛围就越好。表现在教育投入水平高,如福建省龙岩市、山东省威海市的本项得分均高于1.5分。

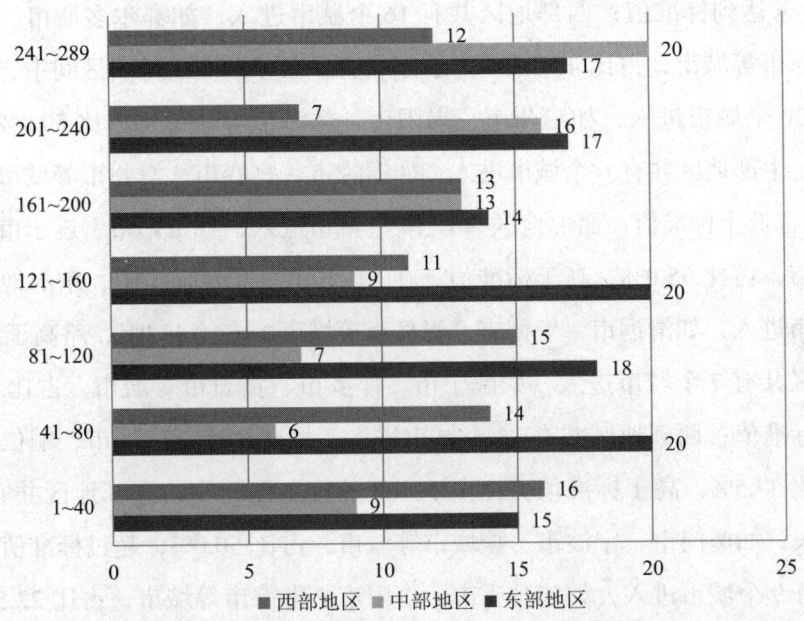

图3-5 休闲空间与环境指数不同排行区间各区域城市所占个数

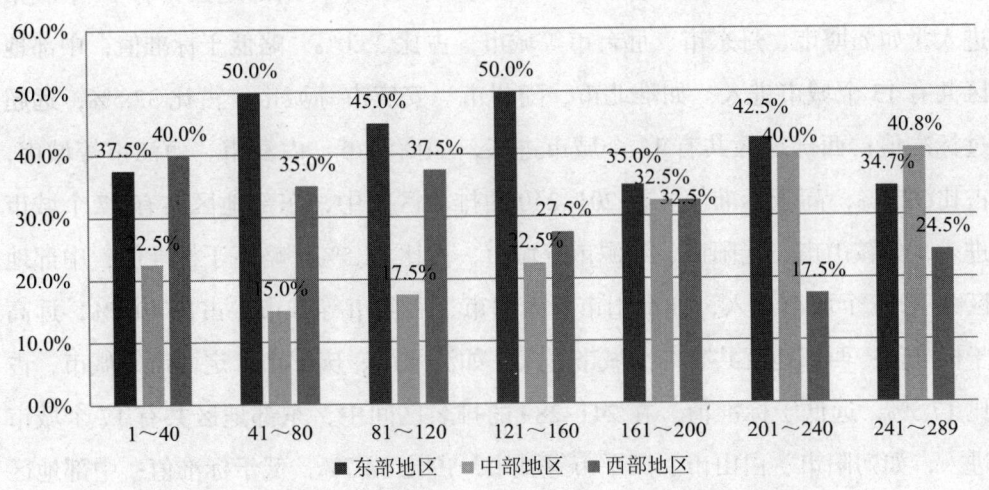

图3-6 休闲空间与环境指数不同排行区间内各区域城市所占比重

图 3-5 所示为休闲空间与环境指数不同排行区间各区域城市所占个数。图 3-6 所示为休闲空间与环境指数不同排行区间内各区域城市所占比重。

从休闲空间与环境指数的总体排名来看，在 1~40 的排名区间中，东部地区有 15 个城市进入，如威海市、湖州市、龙岩市等城市，占比 37.5%，略低于标准值；中部地区共有 9 个城市进入，如景德镇市、新余市、黄山市等城市，占比 22.5%，未达到标准值；西部地区共有 16 个城市进入，如鄂尔多斯市、嘉峪关市、固原市等城市，占比 40.0%，高于标准值。在 41~80 的排名区间中，东部地区共有 20 个城市进入，如惠州市、揭阳市、珠海市等城市，占比 50.0%，高于标准值；中部地区共有 6 个城市进入，如铜陵市、宜春市、滁州市等城市，占比 15.0%，远低于标准值；西部地区共有 14 个城市进入，如贵阳市、遂宁市、酒泉市等城市，占比 35.0%，高于标准值。在 81~120 的排名区间中，东部地区共有 18 个城市进入，如清远市、宁德市、青岛市等城市，占比 45.0%，略高于标准值；中部地区共有 7 个城市进入，如咸宁市、萍乡市、黄石市等城市，占比 17.5%，未达到标准值；西部地区共有 15 个城市进入，如榆林市、广元市、铜仁市等城市，占比 37.5%，高于标准值。在 121~160 的排名区间中，东部地区共有 20 个城市进入，如厦门市、宁波市、盐城市等城市，占比 50.0%，超过标准值；中部地区共有 9 个城市进入，如驻马店市、信阳市、常德市等城市，占比 22.5%，略低于标准值；西部地区共有 11 个城市进入，如昭通市、毕节市、保山市等城市，占比 27.5%，低于标准值。在 161~200 的排名区间中，东部地区共有 14 个城市进入，如淄博市、丹东市、邢台市等城市，占比 35.0%，略低于标准值；中部地区共有 13 个城市进入，如淮北市、随州市、安庆市等城市，占比 32.5%，远超过标准值；西部地区共有 13 个城市进入，如商洛市、内江市、丽江市等城市，占比 32.5%，高于标准值。在 201~240 的排名区间中，东部地区共有 17 个城市进入，如鞍山市、辽阳市、河源市等城市，占比 42.5%，略高于标准值；中部地区共有 16 个城市进入，如邵阳市、大同市、襄阳市等城市，占比 40.0%，远高于标准值；西部地区共有 7 个城市进入，如泸州市、庆阳市、定西市等城市，占比 17.5%，远低于标准值。在 241~289 的排名区间中，东部地区共有 17 个城市进入，如朝阳市、白山市、四平市等城市，占比 34.7%，低于标准值；中部地区共有 20 个城市进入，如武汉市、晋城市、张家界市等城市，占比 40.8%，超过标准值；西部地区共有12个城市进入，如陇南市、重庆市、乌鲁木齐市等城市，占比24.5%，略低于标准值。

从以上整体排名分析可知，东部地区的城市在各排行区间的分布比较平均，说明东部地区的各个城市在休闲空间与环境的建设水平上参差不齐；中部地区的城市主要分布在排名的中后区间内，说明中部地区的城市在休闲空间与环境上的建设尚不够好；西部地区的城市分布较特殊，集中在前部区间，平均分布在中后部区间，说明西部地区的城市在休闲空间与环境的建设上取得了一定的成绩，但是各城市之间有很大的差距，在休闲空间与环境排名落后的城市应积极学习排名靠前的城市的建设经验，使得整个地区在休闲空间与环境的建设上呈现出均衡的发展态势。

## （二）建设经验

鄂尔多斯市在休闲环境的建设上取得了卓越的成就，荣登最佳休闲环境城市的第一名。鄂尔多斯地处鄂尔多斯高原腹地，蒙古语的意思为"宫帐守卫"，东北西三面被黄河环绕，南与黄土高原相连，地貌类型丰富多样，既有芳草如茵的美丽草原，又有开阔坦荡的高原，还有一望无际的沙漠。鄂尔多斯虽为能源型的工业城市，却有着优美的居住环境，这里全年空气质量优良，几乎天天都是"鄂尔多斯蓝"；绿地覆盖率达40.3%，人均绿地面积385平方米。距离不超过300米就有绿化带，500米内就有公园，可以说春夏秋三季满城花开，色彩斑斓。2021年，面对国内疫情散发和复杂的经济环境，鄂尔多斯市委、市政府深入贯彻落实中央和自治区各项决策部署，坚持稳中求进工作总基调，统筹推进疫情防控和经济社会发展，坚持以生态优先、绿色发展为导向。2021年，全市空气质量优良天数313天，优良天数比例85.8%（未剔除沙尘天气），PM2.5平均浓度22微克/立方米；21个考核流域断面水质优良率达到85.7%，城镇集中式饮用水源地水质（除本底值外）达标率100%；污染地块安全利用率100%，受污染耕地安全利用率100%。[①]2021年4月鄂尔多斯市委、市政府制定了《鄂尔多斯市贯彻落实自治区生态环境保护督察反馈意见整改方案》。2021年8月，自治区生态环境厅会同自然资源厅、水利厅、农牧厅、林业和草原局联合印发《内蒙古

---

① https://www.163.com/dy/article/H4A7LEHK0534ADHZ.html.

自治区生态环境联合执法工作规程（暂行）》，建立生态环境问题信息资源共享、案件移送、联合执法、联席会议会商等机制，协同打击生态环境违法行为，为生态安全提供有力的执法保障。①2022年3月市住建局开展住建领域生态环保问题整改核查工作，强调住建领域生态环保问题整改、加快推进建制镇污水处理厂和低温裂解站验收、审计，抓好农村牧区生活垃圾治理等，全面推进鄂尔多斯市生态环保工作。②2022年4月，市住建局主持召开中心城区现状公园绿地更新提升座谈会，研究鄂尔多斯主城区公园绿地提升指南及三年计划，强调建设生态效益和经济效益相统一的高品质城市公园。③近年来，鄂尔多斯市持续加大生态环境保护执法力度，有力推进执法改革，开展专项行动，优化执法方式，完善执法机制，提高执法效能，加强能力建设，推动生态环境执法工作融入污染防治攻坚战主战场，取得了重要进展。

在"最佳休闲环境城市示范区"中排行第二名的威海市，在生态环境建设中也取得了卓越的成就。威海四季分明，气候宜人，整个辖区碧海环绕、山峦叠翠，处处体现着自然之美、生态之美。威海是全国第一个"国家环境保护模范城市群"，入选"国家园林城市""全国绿化模范城市""国家森林城市"，荣获社会领域最高环保奖项"中华环境奖"。入选国家生态文明建设示范市、国家"无废城市"建设试点。2017年，荣成市荣获第一批国家生态文明建设示范市；2019年，威海市荣获"国家生态文明建设市"称号；2020年，威海华夏城、荣成市好运角旅游度假区成功入选国家级、省级"绿水青山就是金山银山"实践创新基地。2021年10月，乳山市荣获国家生态文明建设示范区，威海成为全国第一个市级及所辖县级市全部建成国家生态文明建设示范区的地级市，实现了国家生态文明建设示范区创建工作市域全覆盖。④2019年获全省各市经济社会发展综合考核"打好污染防治攻坚战"单项奖第一名；2020年生态环境满意度测评全省第一名。据《威海市2021年生态环境质量公报》所示，威海市空气质量连续六年稳定达到国家二级标准，近岸海域水质全部达到相应功能区要求，国控地

---

① 内蒙古自治区生态环境厅. https://sthjt.nmg.gov.cn/xxgk/zfxxgk/fdzdgknr/gzxzgfxwx/gz/202110/t20211020_1913011.html.
② http://zjj.ordos.gov.cn/ywgz_123518/csgl_123548/202203/t20220325_3167612.html.
③ http://zjj.ordos.gov.cn/ywgz_123518/csgl_123548/202204/t20220408_3172456.html.
④ 威海市人民政府. http://www.weihai.gov.cn/art/2021/10/26/art_79849_2698551.html.

表水断面水质指数居沿海 7 市第 1 位、全省第 3 位。①2021 年 3 月，威海市向生态环境部提报"无废城市"顺利完成试点任务，"无废城市"试点经验被评为全省生态环境系统改革试点成果。②2021 年 12 月发布的《威海市"十四五"生态环境保护规划》强调坚持生态立市、环境优先、绿色发展，以持续改善生态环境质量为核心，以减污降碳为总抓手，为今后五年威海市的生态环境保护工作提供指导。③自 2020 年起持续开展"绿满威海·四季多彩"国土绿化行动，统筹推进重点山系植被恢复、海岸林带修复、绿色通道建设、水系生态绿化、城市绿化、村镇绿化美化等六大攻坚突破行动，全面提升威海城乡绿化、花化、彩化水平。2022 年 2 月发布《威海市山体保护专项规划（2021—2035 年）》，全面促进生态环境保护与社会经济发展及城市建设协调统一，为建设"精致城市·幸福威海"的目标提供了良好的生态支持。④

有着"戈壁明珠"美誉的甘肃省嘉峪关市，2021 年在生态环境建设中也取得了卓越的成就，在"最佳休闲环境城市示范区"中排行由去年的第五名升级至第三名。近年来，嘉峪关市先后修建了 17 座调蓄水库，淡季蓄水，旺季用水，人均水域面积达到 27 平方米。目前，嘉峪关建成区绿地面积 2783.67 公顷，人均公园绿地面积 29.2 平方米，绿地率和绿化覆盖率分别达到 39.54% 和 40.7%，森林覆盖率达 12.56%，草原植被盖度 16.5%，形成了以公园绿地为重点、道路绿化为网络、小区绿化为依托、街头绿地为亮点、传统与现代交融为特色、量与质并举的城市园林绿化格局。⑤2021 年，嘉峪关市环境空气质量优良天数达 312 天，可吸入颗粒物（PM10）、细颗粒物（PM2.5）分别较"十二五"末下降 44.9%、36.7%，达到近年来最好水平；城市集中式饮用水水源地、地表水、地下水水质达标率 100%，北大河（干渠）国家地表水考核断面排名全国第二。2021 年嘉峪关市积极推进生态环境管理各项工作，印发《嘉峪关市 2021 年度大气污染防治工作要点》，组织各相关部门深入开展工业、燃煤、机动车和扬尘"四类污染源"治理，督促工业企业加大涉气污染源的综合治理，积极推动钢铁行业超低排放改

---

① 威海市人民政府. http://www.weihai.gov.cn/art/2022/6/17/art_74405_2871493.html.
② 威海新闻网. https://baijiahao.baidu.com/s?id=1736012791964482684&wfr=spider&for=pc.
③ 威海市人民政府. http://www.weihai.gov.cn/art/2021/12/2/art_80789_2747056.html.
④ 威海市人民政府. http://www.weihai.gov.cn/art/2022/2/14/art_80789_2830646.html.
⑤ 潇湘晨报. https://baijiahao.baidu.com/s?id=1735147286608499286&wfr=spider&for=pc.

造项目实施；印发《嘉峪关市 2021 年度土壤污染防治工作方案》，梳理土壤修复试点项目经验，加强污染地块管理，全面落实危险废物规范化管理工作。[①] 有序推进《嘉峪关市"十四五"生态环境保护规划》和《重点流域水生态环境保护"十四五"规划》编制工作，积极谋划"十四五"生态环境监测规划，制订了 2021 年度全市生态环境监测工作方案，《嘉峪关市"三线一单"生态环境分区管控实施方案》已印发执行。2022 年 6 月甘肃省嘉峪关市获得"环境治理工程项目推进快，重点区域大气、重点流域水环境质量改善明显的地方"督查激励，成为全省首个在生态环境领域获激励城市，擦亮了"西部样板城市"招牌。[②] 嘉峪关市连续 26 年开展"义务植树""绿化年"，争创"花园式单位""绿化达标小区"等活动，"生态嘉峪关"正不断成为现实。

## 五、最佳休闲服务城市建设

### （一）总体特征

最佳休闲服务城市的特征如下：一是人均拥有的高品质景区多。4A、5A 级景区数量越多，代表着品质越高的休闲资源，越能够为本地居民和外地游客提供高品质的休闲资源。截至 2020 年底，重庆市是全国拥有 4A 级及以上景区数量最多的城市，共 131 家，但由于重庆市人口众多，所以平均每百万人仅拥有 4.1 家；本项指标排名中，黄山市位列榜首，为 15.9 家/百万人。二是人均拥有的商业娱乐场所多。具体表现在"每百万人拥有电影院数"和"商业服务业设施水平"两项指标上取得较高得分，电影院的数量越多，可以更好地为居民提供电影和文艺表演等休闲活动；商业设施布局越密集，休闲活动开展的基础越扎实，以保障居民丰富的休闲生活需要。三是人均拥有的体育场馆数量多。越多的体育场馆，能够为居民在休闲时间参加体育活动提供更好的设施保障。四是文化氛围浓厚。具体表现为人均拥有的公共图书馆藏书量多、人均拥有的博物馆多，图书馆、博物馆是城市重要的公共文化设施，是居民重要的休闲空间，此类设施越丰富，越能够从侧面反映城市总体的休闲文化氛围好。五是人均拥有的星级饭店数量多。更

---

① 中国甘肃网．https://baijiahao.baidu.com/s?id=1708864050883847464&wfr=spider&for=pc．
② 中国环境．https://www.cenews.com.cn/news.html?aid=984157．

多的星级饭店数量，能为外来旅游者提供更好的住宿服务。六是人均拥有的私家车及公共交通工具数量多，为城市居民便捷、灵活、自主的休闲活动提供保障。

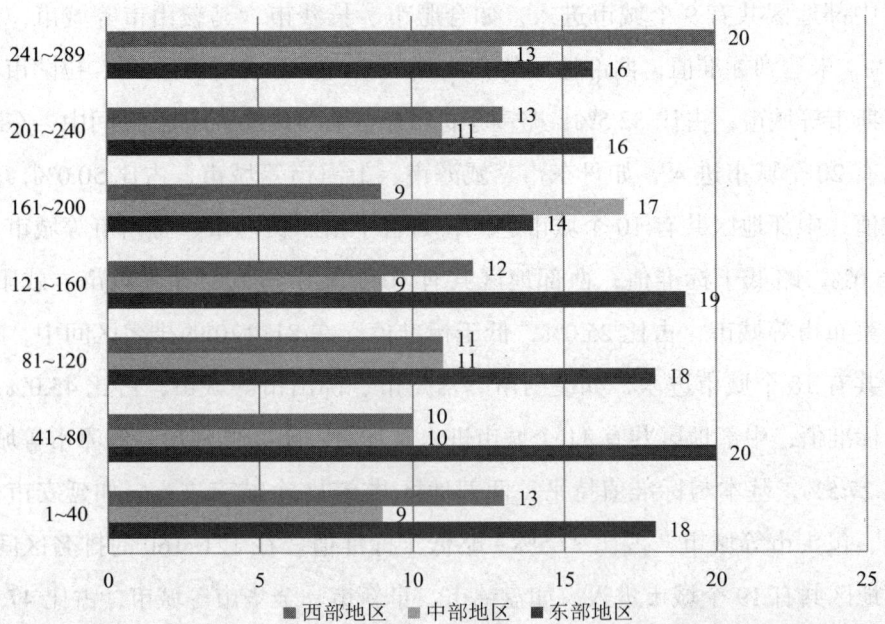

图3-7 2020年休闲设施与服务指数不同排行区间内各区域城市所占个数

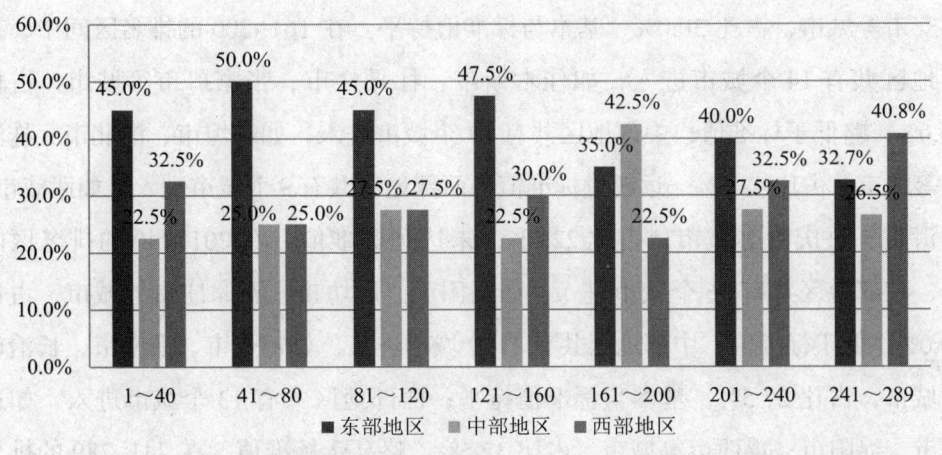

图3-8 2020年休闲设施与服务指数不同排行区间内各区域城市所占比重

图3-7所示为2020年休闲设施与服务指数不同排行区间内各区域城市所占个数。图3-8所示为2020年休闲设施与服务指数不同排行区间内各区域城市所占比重。

从休闲设施与服务指数的总体排名来看,在1~40的排名区间中,东部地区有18个城市进入,如黄山市、黑河市、珠海市等城市,占比45.0%,高于标准值;中部地区共有9个城市进入,如合肥市、长沙市、马鞍山市等城市,占比22.5%,未达到标准值;西部地区共有13个城市进入,如嘉峪关市、拉萨市、鄂尔多斯市等城市,占比32.5%,略高于标准值。在41~80的排名区间中,东部地区共有20个城市进入,如丹东市、威海市、上海市等城市,占比50.0%,高于标准值;中部地区共有10个城市进入,如晋中市、黄冈市、滁州市等城市,占比25.0%,略低于标准值;西部地区共有10个城市进入,如宝鸡市、咸阳市、乌兰察布市等城市,占比25.0%,低于标准值。在81~120的排名区间中,东部地区共有18个城市进入,如厦门市、常州市、佛山市等城市,占比45.0%,略高于标准值;中部地区共有11个城市进入,如黄石市、九江市、鹰潭市等城市,占比27.5%,基本与标准值持平;西部地区共有11个城市进入,如延安市、兰州市、包头市等城市,占比27.5%,略低于标准值。在121~160的排名区间中,东部地区共有19个城市进入,如盘锦市、阜新市、金华市等城市,占比47.5%,超过标准值;中部地区共有9个城市进入,如南昌市、湘潭市、郴州市等城市,占比22.5%,未达到标准值;西部地区共有12个城市进入,如南宁市、北海市、西安市等城市,占比30.0%,基本与标准值持平。在161~200的排名区间中,东部地区共有14个城市进入,如佳木斯市、牡丹江市、张家口市等城市,占比35.0%,略低于标准值;中部地区共有17个城市进入,如蚌埠市、淮北市、株洲市等城市,占比42.5%,远超过标准值;西部地区共有9个城市进入,如武威市、普洱市、重庆市等城市,占比22.5%,未达到标准值。在201~240的排名区间中,东部地区共有16个城市进入,如朝阳市、廊坊市、石家庄市等城市,占比40.0%,低于标准值;中部地区共有11个城市进入,如朔州市、淮南市、长治市等城市,占比27.5%,基本与标准值持平;西部地区共有13个城市进入,如遵义市、绵阳市、鸡西市等城市,占比32.5%,略高于标准值。在241~289的排名区间中,东部地区共有16个城市进入,如保定市、滨州市、聊城市等城市,占比32.7%,低于标准值;中部地区共有13个城市进入,如鄂州市、亳州市、孝感市等城市,占比26.5%,略低于标准值;西部地区共有20个城市进入,如自贡市、玉林市、巴中市等城市,占比40.8%,高于标准值。

从以上整体排名分析可知，东部地区的城市在各排行区间的分布排在靠前的位置，说明东部地区的各个城市在休闲设施与服务上，占据绝对的优势；中部地区的城市主要分布在排名的中后区间内，中部地区的城市在休闲设施与服务的建设上尚不够好，缺乏第一区间内的休闲服务城市；西部地区的城市大多数集中在后部，说明西部地区城市的休闲设施与服务的建设的水平最为落后，整体水平较低。三个地区表现出来的休闲设施与服务的水平与三个地区的经济发展水平趋势相同。

**（二）建设经验**

在最佳休闲设施城市中位列第一的是安徽省黄山市。黄山风景区发布2021年"成绩单"，全年共接待游客167.42万人次，同比增长10.76%；实现经营收入18.02亿元；上缴税收2.97亿元；完成重点项目投资13.09亿元，同比增长14.06%。[①]黄山市生态和人居环境优越，休闲度假旅游资源丰富。环黄山森林溪谷带、牯牛降、齐云山、清凉峰等山地资源，新安江、太平湖、月潭湖、丰乐湖、奇墅湖、黄山温泉等水体资源，271个中国传统村落资源，各类果园、休闲渔业、茶园、菜园和乡村农家乐、民宿、农业旅游示范点构成的农业资源，高尔夫球场等运动资源，都是发展休闲度假旅游的良好载体。2018年，黄山市制定了《黄山市打造运动休闲健康城市行动计划（2018—2025年）》，在此基础上，根据《黄山市全域旅游发展规划》，编制《黄山市休闲度假旅游发展专项规划》，打造黄山市休闲度假旅游目的地。黄山市目前有5A级景区8处、4A级景区22处、3A级景区16处。[②]《安徽省"十四五"旅游业发展规划》明确提出，依托黄山旅游品牌和资源禀赋，加快建设富有文化底蕴的世界级旅游景区，快速构建现代旅游产业体系，探索实现旅游双循环高效运转的样板模式，将黄山打造成为引领安徽旅游走向国际、全省旅游产业国际化发展和建设安徽国际知名旅游目的地的桥头堡。[③]《皖南国际文化旅游示范区"十四五"建设发展规划》明确以"大黄山"为核，打造生态型国际化世界级休闲度假旅游目的地、全球生态文明发展高地、全国文化和旅游深度融合发展样板地。[④]2022年，黄山市高位推进《快乐健身行动方案》，2022年全市计划新建（改扩建）全民健身场地设施76个，将全

---

① 黄山市人民政府. https://www.huangshan.gov.cn/zxzx/zwyw/8370477.html.
② 黄山市人民政府. https://www.huangshan.gov.cn/zwgk/public/6615714/10644080.html.
③ 安徽省人民政府. https://www.ah.gov.cn/public/1681/554102001.html.
④ 安徽省人民政府. https://www.ah.gov.cn/public/1681/554101861.html.

民健身场地设施任务细化分解至各县（区），提升公共体育服务水平与服务能力，提出到 2023 年底基本实现城乡居民身边健身设施全覆盖，新建全民健身步道 50 公里；到 2025 年实现"15 分钟健身圈"全覆盖，新建全民健身步道 200 公里。①

嘉峪关市背靠"一带一路"倡议，在 2021 年，仍保持休闲服务城市排行榜的第二名。2020 年，嘉峪关市成功创建国家全域旅游示范区，成为全省唯一入选的地级市，此后，嘉峪关市立足资源禀赋，以创建国家全域旅游示范区为契机，不断整合特色资源要素，挖掘特色文化内涵，提升全域旅游品质，着力构建景城、产城、城乡一体化发展新格局，促使嘉峪关市文化旅游融合发展迈上了新台阶。② 2021 年，嘉峪关·关城里景区荣获省级旅游休闲街区、首批国家级夜间文化和旅游消费集聚区和"2021 甘肃文旅最佳打卡地"荣誉称号。旅游基础设施不断完善，嘉峪关机场先后开通了往返北京、上海、广州、南京、杭州、成都等主要客源地城市的航线 16 条，2021 年机场游客吞吐量首次突破 60 万人次，达到 62.2 万人次。"十三五"以来，嘉峪关市相继出台了加强建设旅游强市、加快智慧旅游建设、加快乡村旅游发展等 20 多个配套文件，设立文化旅游发展专项资金 1 亿元，兑现全域旅游发展扶持奖励资金近千万元，有效激发了市场活力。③ 持续加大民生投入，全力推进民生事业发展，每年投入到民生领域的财政支出都在 80% 以上，实施了建市以来规模最大的棚改工程、教育"改薄"工程、医疗卫生惠民工程，持续加大就业、教育、医疗卫生、养老、社保等方面的投入力度。认真落实省委、省政府关于将文化旅游康养产业培育成"千亿级产业"的安排部署，打造"天下雄关"等演艺节庆品牌及"我到嘉峪关修长城""钢铁是这样炼成的"等研学品牌，出台《嘉峪关市"十四五"文化旅游康养产业发展倍增计划》，促进文化旅游康养产业发展，文旅产业体系更加完善。主动构建区域旅游合作体，强化与周边地区的联合营销，于 2021 年 4 月签订《嘉峪关市酒泉市加快推进协同发展战略合作协议》，共同打造区域旅游品牌，推动文旅产业不断迈上新台阶。

2021 年拉萨市首次登上"最佳休闲设施示范城市"排行榜第三。2021 年 1—12 月，拉萨市累计接待国内外游客 2643.9 万人次，同比增长 31.66%；实现旅游

---

① 黄山市人民政府. https://www.huangshan.gov.cn/zxzx/zwyw/8377689.html.
② 嘉峪关对外宣传网. http://www.jiayuguanstyle.cn/articles/2021/07/22/article_76_80437_1.html.
③ 嘉峪关市文化和旅游局. https://baijiahao.baidu.com/s?id=1706472778582721833&wfr=spider&for=pc.

收入 377.77 亿元，同比增长 25.15%。全市乡村旅游累计接待游客 876.68 万人次，同比增长 17.88%；实现旅游收入 9.83 亿元，同比增长 15.26%。2021 年 1—10 月，通过旅游促进农牧民转移就业 56 677 人、82 813 人次，实现增收 4.36 亿元。①2021 年拉萨市启动研究编制了《拉萨市红色旅游发展规划（2021—2030 年）》，作为自治区首个市级红色旅游专项规划，这对新时期该市的红色旅游发展具有积极意义。2021 年 10 月召开《拉萨市旅游发展总体规划（2021—2035 年）》专家评审会议，提出在 2035 年将拉萨市打造成为具有生态和中华民族特色的高品质国际文化旅游城市的总体目标。2020 年以来，为贯彻落实《拉萨市国民经济和社会发展"十四五"规划和二〇三五年远景目标纲要》，科学谋划未来五年乃至十五年全市旅游发展，拉萨市旅游发展局把《拉萨市"十四五"旅游发展规划》《拉萨市旅游发展总体规划（2021—2035 年）》和《拉萨市红色旅游发展规划（2021—2030 年）》等 3 项工作列入年度重点工作进行推动。②2021 年 5 月拉萨市第十一届人民政府第 57 次常务会议研究并审议了《拉萨市旅游厕所建设实施方案》《拉萨市公共厕所建设实施方案》《关于拉萨市城关区属地范围内公共卫生间存在问题的整改实施方案》，会议要求，要抓好标准化建设，严把设计关、质量关，真正把旅游厕所、公共厕所建成群众满意的民心工程、城市亮丽的风景线、城市形象的展示窗口；要抓紧修订城市公共厕所管理办法，推进厕所管理规范化、制度化、标准化。③2021 年建成的拉萨市中华文化公园作为自治区一项惠民工程，项目总投资约 5.1 亿元，实际建设面积 1057 亩，北岸约 651 亩，南岸约 406 亩，中间拉萨河水域面积约 3000 亩，集拉萨河景观灯、健身步道、凉亭等休闲与景观设施于一体，大大提升了拉萨市的城市生态基础设施水平。

## 六、最佳休闲经济城市建设

### （一）总体特征

最佳休闲经济城市的总体特征如下：一是交通客运量大。经济越发达的城

---

① 金台资讯. https://baijiahao.baidu.com/s?id=1730141081970038756&wfr=spider&for=pc.
② 拉萨市人民政府. http://www.lasa.gov.cn/lasa/fzgh/202104/ef9e69e62126413ea3a828973116d7fa.shtml.
③ 拉萨市人民政府. http://www.lasa.gov.cn/lasa/ldhd/202105/2f763ba9d63849dc99d10d662e5e6f8b.shtml.

市，休闲活动发生的频率越高，城市之间人员的交往也相应越频繁，从而城市的客运量也越大。二是第三产业占GDP的比重高。第三产业包括生活类服务业，而生活类服务业能大概反映休闲经济的发展状况。因此，类似北京市、上海市、广州市等休闲经济发达的城市，第三产业占GDP比重分别高达83.87%、73.15%、72.51%。城市内生活类服务业的产值较高，从而使得第三产业占GDP的比重也高。三是旅游业发达。旅游是当代居民重要的休闲方式，旅游业是休闲产业的核心组成部分。全域旅游时代，"景城一体，主客共享"的发展理念日益深入人心；疫情常态化防控背景下，"本地游、微度假"等热门业态广受关注。城市的旅游业发展水平越高，其休闲产业发展水平也越高。四是对外经济发达、国际化程度高。国际化程度也是从国际视角对城市休闲经济的重新评价，如苏州市、珠海市、深圳市等外资活跃度高的城市，其休闲产业发展水平也位居前列。五是夜生活丰富。夜间经济是休闲经济的重要组成部分，包括夜市购物、餐饮、旅游、洗浴、美容美发、歌舞、影视等产业活动，具有明显的休闲娱乐性质。在一定程度上，城市夜间灯光指数越高，代表区域内夜间经济越发达、夜生活越丰富。如在"夜间灯光指数"排名前10的城市中，有6座城市位居本领域的前10名，包括东莞、深圳、上海、珠海、苏州、无锡。

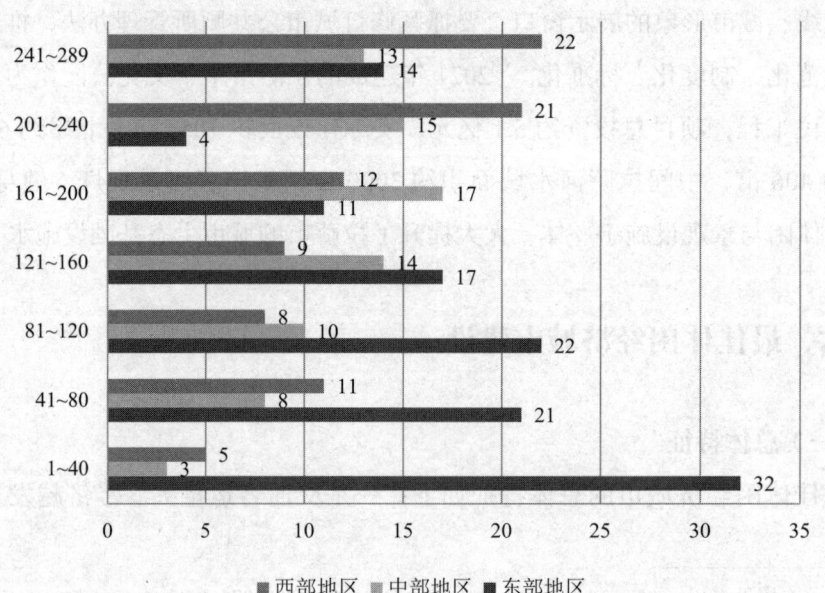

图3-9　休闲经济与产业指数不同排行区间内各区域城市所占个数

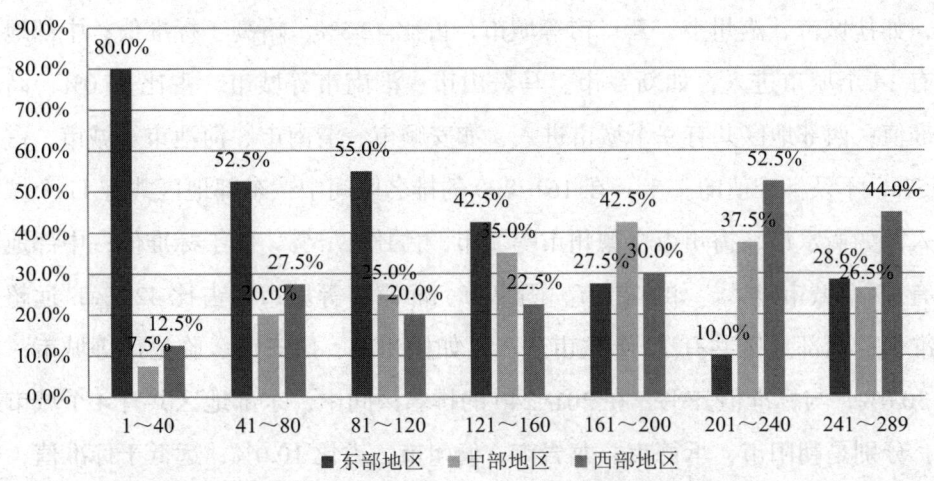

图 3-10　休闲经济与产业指数不同排行区间内各区域城市所占比重

图 3-9 所示为休闲经济与产业指数不同排行区间内各区域城市所占个数。图 3-10 所示为休闲经济与产业指数不同排行区间内各区域城市所占比重。三条线从上到下分别为东部、中部和西部地区城市在该区间内应该达到的比重，分别是：东部城市 121 个，占比 41.9%；中部城市 80 个，占比 27.7%；西部城市 88 个，占比 30.4%。

从休闲经济与产业指数的总体排名来看，在 1~40 的排名区间中，东部地区有 32 个城市进入，如上海市、苏州市、深圳市等城市，占比 80.0%，远高于标准值；中部地区共有 3 个城市进入，如武汉市、郑州市、长沙市等城市，占比 7.5%，未达到标准值；西部地区共有 5 个城市进入，如成都市、西安市、昆明市等城市，占比 12.5%，未达到标准值。在 41~80 的排名区间中，东部地区共有 21 个城市进入，如扬州市、台州市、济南市等城市，占比 52.5%，高于标准值；中部地区共有 8 个城市进入，如合肥市、张家界市、怀化市等城市，占比 20.0%，低于标准值；西部地区共有 11 个城市进入，如丽江市、南宁市、铜仁市等城市，占比 27.5%，接近标准值。在 81~120 的排名区间中，东部地区共有 22 个城市进入，如清远市、保定市、淄博市等城市，占比 55.0%，高于标准值；中部地区共有 10 个城市进入，如晋城市、晋中市、景德镇市等城市，占比 25.0%，未达到标准值；西部地区共有 8 个城市进入，如包头市、玉林市、西宁市等城市，占比 20.0%，未达到标准值。在 121~160 的排名区间中，东部地区共有 17 个城市进入,如盐城市、沧州市、营口市等城市,占比42.5%,略高于标准值;中部地区共有14个城市进入,如新乡市、马鞍山市、淮南市等城市,占比35.0%,高于标准值;西部地区共有9个城市进入,如安顺市、渭南市、河池市等城市,占比22.5%,不及标准值的一半。在161~200的排名区间中,东部地区共有11个城市进入,如衡水市、梅州市、德州市等城市,占比27.5%,低于标准值;中部地区共有17个城市进入,如宜昌市、阳泉市、湘潭市等城市,占比42.5%,远超过标准值;西部地区共有12个城市进入,如梧州市、广安市、临沧市等城市,占比30.0%,与标准值齐平。在201~240的排名区间中,东部地区共有4个城市进入,分别是朝阳市、承德市、龙岩市、儋州市,占比10.0%,远低于标准值;中部地区共有15个城市进入,如朔州市、吕梁市、六安市等城市,占比37.5%,高于标准值;西部地区共有21个城市进入,如延安市、柳州市、眉山市等城市,占比52.5%,远高于标准值。在241~289的排名区间中,东部地区共有14个城市进入,如佳木斯市、三明市、齐齐哈尔市等城市,占比28.6%,不及标准值;中部地区共有13个城市进入,如三门峡市、亳州市、信阳市等城市,占比26.5%,接近标准值;西部地区共有22个城市进入,如广元市、天水市、泸州市等城市,占比44.9%,远高于标准值。

从以上整体排名分析可知,东部地区的城市在各排行区间的分布在前中部,说明东部地区的各个城市在休闲经济与产业发展上,占据相对较大的优势;中部地区的城市主要分布在排名的中后区间内,中部地区的城市在休闲经济与产业的发展上有一定的基础,但表现并不突出,缺乏水平较高的休闲经济城市;西部地区的城市分布主要集中在后部,说明西部地区的城市在休闲经济与产业的发展上相对落后,有很大提升空间。

**(二)建设经验**

上海市的休闲经济与产业发展迅速,2021年夺得最佳休闲经济城市桂冠。上海大都市圈是长三角城市群发展最成熟的区域之一,人口稠密,基础设施建设完备,科技创新活跃,经济发展水平较高,是长三角经济发展重要增长极。上海2040年城市规划提出上海城市发展的目标是"卓越的全球城市","卓越"作为一个重要指标,就是要积极倡导休闲产业的发展,让城市变得更加舒适宜居、美好和谐。上海人口密度大,人均GDP已经超过17 000美元,居民对休闲空间、环境、设施等休闲要素的要求越来越高，休闲文化娱乐消费需求也出现爆发性增长。近年来，上海提出了建设"全球城市"和"世界著名旅游城市"的发展目标，以旅游标准化工作为手段，进一步提升旅游业发展水平是上海旅游发展的重要工作内容。2021年末上海共有A级以上旅游景区（点）134个，较2020年增加了4个，同比增长3.08%。2021年上海接待旅游总人数达2.95亿人次，较2020年增加了0.58亿人次，同比增长24.23%。2021年上海旅游产业增加值达1500.52亿元，较2020年增加了186.41亿元，同比增长14.19%。[①]2021年前三季度，上海国际旅游度假区和佘山国家旅游度假区迎来客流大丰收，前者接待游客1336万人次，超越疫情前水平；后者接待游客806.99万人次，同比增长46.01%。上海市文旅局局长方世忠认为，推动上海度假区及旅游休闲经济高质量发展主要有三个重要特点：一是"强IP、主题游"，这让主题型度假区具备"复游"的强大吸引力；二是"深度游、慢生活"，人们能在上海这座国际化大都市里，遇见不同的人，体验不同的生活，品尝不同的美食，感受不同的文化；三是"本地游、微度假"，崇明、金山的民宿常常出现"一房难求"，短周期、轻奢化的露营旅游受到追捧。[②]近年来，上海出台了多项夜间经济发展政策，围绕打造"国际范""上海味""时尚潮"夜生活集聚区的目标，推动上海"晚7点至次日清晨6点"夜间经济繁荣发展，如2022年5月上海制定《上海市加快经济恢复和重振行动方案》，涉及8个方面、50条政策措施，鼓励发展夜间经济，提振消费信心。

苏州市休闲经济排名全国第二，在全国处于领先地位。苏州经济主要靠服务业带动，2015年苏州实现服务业增加值7170亿元，2020年第三产业实现增加值10 588.5亿元，带动GDP从1.45万亿增长到2万亿。苏州市在2021年以GDP总量22 718.34亿元排名全省第一，占全省GDP总量的19.4%，GDP增量2547.89亿元，而省会南京屈居第二。2021年8月11日中央官媒光明网高度点赞苏州的旅游市场强劲增长，2021年上半年苏州市规上文化产业单位1081家，比一季度增加22家，比去年同期增长12.96%；营业收入1363.35亿元，同比增

---

① https://www.sohu.com/a/555458404_120961824.
② https://www.shobserver.com/staticsg/res/html/web/newsDetail.html?id=418566.

长 21.7%；全市旅游总收入 1466.45 亿元，较 2019 年同期增长 4.4%。①苏州有着高度开放的对外经济，长期保持中国吸引外资前茅、江苏第一名，到 2021 年底，苏州以 0.09% 的国土面积创造出的进出口总额约占中国的 7.7%，实际利用外资总量位居全国大中城市第三位，对美贸易占中国的 1/8、占江苏全省的 2/3。②2021 年年底，苏州全市各类休闲农业经营主体超过 2300 家，从业人员达 4.3 万人，带动农户 9 万余户发家致富，年接待游客约 9550 万人次，营业收入 64.5 亿元，同比增长 15%。苏州市持续加快休闲度假产品开发，有效发展乡村旅游，2021 年苏州市 3 条美丽乡村休闲旅游行精品线路成功入选中国美丽乡村休闲旅游行（秋季）精品景点线路，9 家主题创意农园、10 家农耕实践基地、7 家康美基地入选全省"一园两基地"，评选苏州市"十佳"乡村休闲旅游农业精品村。③2021 年 4 月印发《关于打造苏州市特色田园乡村建设"两湖两线"跨域示范区的实施方案》，强调聚焦特色做优发展文章，避免同质化，按照"集成集聚，放大优势，融合发展"的要求，统筹各方资源，打造出连片成面、具有一定规模与影响力的苏州优质乡村集群和文旅产业集群。④2021 年 8 月苏州市召开夜经济工作推进会，下发《关于支持夜市高品质发展的指导意见（征求意见稿）》《苏州品牌夜市建设（首期）工作方案（征求意见稿）》，全力打造升级版"繁华苏州夜"，先后推出"姑苏八点半"、"夜游园林"、夜间沉浸式昆曲表演等项目，提升苏州夜间经济品牌的影响力。

根据近年来人们对深圳的关注点来看，"深圳消费"的关注度颇高，在 2021 年休闲消费城市中排名第三。2021 年深圳居民人均消费支出 46 286 元，较上年增加 5705 元，增长 14.1%，扣除价格因素实际增长 13.0%；较 2019 年增加 3173 元，增长 7.4%，两年平均增长 3.6%，扣除价格因素，两年平均实际增长 2.0%。其中，其他用品和服务与教育文化娱乐两类支出分别增长 46.9% 和 40.5%。⑤2020 年出台《深圳市关于进一步激发消费活力促进消费增长的若

---

① https://baijiahao.baidu.com/s?id=1707930823112479484&wfr=spider&for=pc.
② 新浪财经. https://baijiahao.baidu.com/s?id=1733058459490409771&wfr=spider&for=pc.
③ 中国江苏网. https://baijiahao.baidu.com/s?id=1725459156227212175&wfr=spider&for=pc.
④ 苏州市人民政府. https://www.suzhou.gov.cn/tetyxcjs/gzdt/202105/6494cb7cc0a94a46bf39607473e374d2.shtml.
⑤ 潇湘晨报. https://baijiahao.baidu.com/s?id=1723370595352787091&wfr=spider&for=pc.

干措施》,明确提出大力繁荣夜间经济,加强"1+N"夜间经济街区规划布局,重点打造海上世界、欢乐海岸等地标性夜间经济示范街;搭建"夜游、夜赏、夜购、夜品、夜娱"等主题场景,打造一批夜间消费网红打卡地[①]。2021年前10个月深圳社会消费品零售总额达7775.98亿元,同比增长13.4%。根据深圳市零售商业行业协会的统计数据,截止到2021年底深圳市共有包括购物、餐饮、休闲娱乐等业态在内的夜间消费网点81 000余个。2020年深圳在体育消费方面积极作为,印发《关于加快体育产业创新发展若干措施的通知》,重新修订了多个体育产业专项资金资助管理办法,向市民发放了超过5亿元体育消费券,全面促进消费市场发展,2020年,深圳体育产业总产出1062.27亿元,增加值418.97亿元,深圳居民人均体育消费3175.35元,占人均消费支出比重的7.8%,在全国领先[②]。2022年5月发布《深圳市关于促进消费持续恢复的若干措施》,30条硬核措施点燃深圳消费市场。在促进户外文旅体消费方面,举办潮流主题消费活动,支持重点商圈联合经营商户举办咖啡、茶饮等主题消费节,开展品鉴、教学、沙龙、陈列等活动,拓宽消费体验场景,打造时尚、休闲城市生活方式[③]。2022年3月印发《深圳市关于加快建设国际消费中心城市的若干措施》,强调重点聚焦补齐商业和消费领域发展短板,强化优势长板,培育引领消费时尚的平台和领先的商业企业,打造具有全球影响力的大湾区消费高地[④]。

## 七、最佳休闲消费城市建设

### (一)总体特征

最佳休闲消费城市的特征如下:一是人均社会消费品零售总额高。购物是休闲活动的重要内容之一,在南京市、上海市等地,这一数字更是高达77 286元和64 037元。休闲消费水平高的城市,其社会消费品零售额都很高。二是每万人国际互联网用户数多。网上冲浪本身是休闲活动的重要组成部分,且互联网

---

① 深圳市人民政府. http://www.sz.gov.cn/zfgb/zcjd/content/post_7844383.html.
② 金台咨询. https://baijiahao.baidu.com/s?id=1709661069521258458&wfr=spider&for=pc.
③ 潇湘晨报. https://baijiahao.baidu.com/s?id=1733865811782415041&wfr=spider&for=pc.
④ 深圳市人民政府. http://www.sz.gov.cn/zwgk/zfxxgk/zfwj/bmgfxwj/content/post_9611585.html.

用户数还可以反映出城市的信息化水平，总体而言，休闲水平越高的城市，互联网使用率越高，互联网用户数量越多。三是城镇居民人均可支配收入高。人均可支配收入是进行休闲消费开支的重要决定性因素，如上海市、北京市、苏州市，2020年人均可支配收入分别达到76 437元、75 602元、70 966元，是全国仅有的3座该项指标突破7万元的城市，与上述3地在该领域领先的排名相吻合。因而，休闲消费水平高的城市的一个重要特征就是人均可支配收入高。四是恩格尔系数低。恩格尔系数是指食品支出总额占个人/家庭消费支出总额的比重。随着家庭收入的增加，家庭收入中用于购买食物的支出比例会下降。食物所占总支出比例越少，则用于满足健康娱乐和精神需求的开支必然增加。休闲消费就包含这个层次，因此，休闲消费水平高的城市的恩格尔系数相对会较低。五是人均地区生产总值高。人均地区生产总值是衡量区域生活水平的重要指标，如位居本领域前三的北京市、南京市、上海市，其2020年度的人均地区生产总值分别高达164 889元、159 322元、155 800元。城市休闲市场的主体是本市居民，因此，较高的人均产值，一般而言也意味着较大的休闲消费潜力。

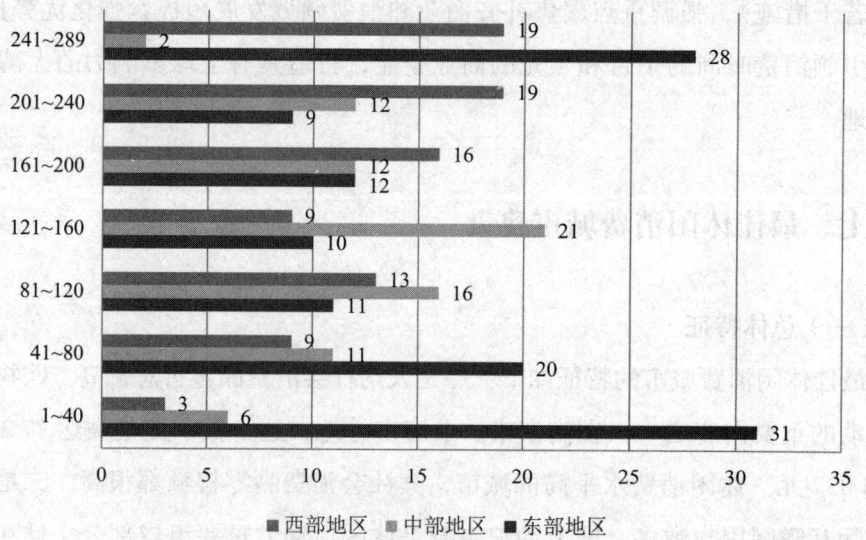

图3-11　休闲生活与消费指数不同排行区间内各区域城市所占个数

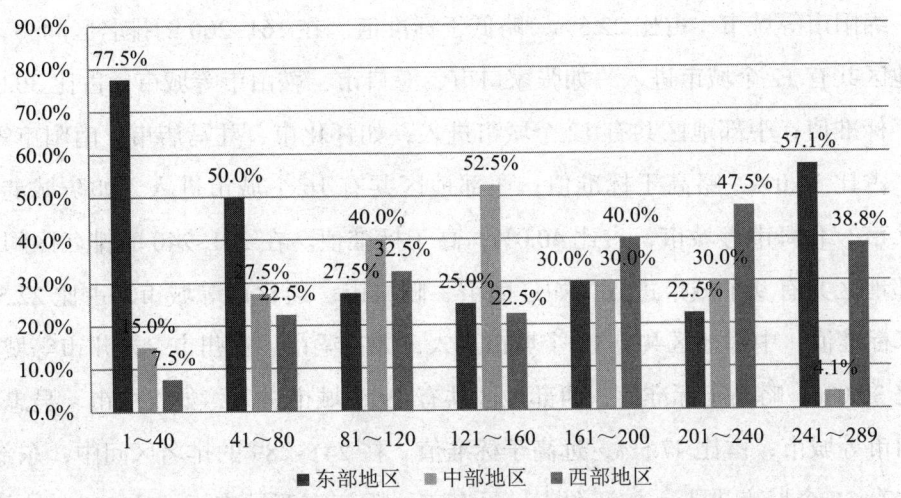

图 3-12 休闲生活与消费指数不同排行区间内各区域城市所占比重

图 3-11 所示为休闲生活与消费指数不同排行区间内各区域城市所占个数。图 3-12 所示为休闲生活与消费指数不同排行区间内各区域城市所占比重。

从休闲生活与消费指数的总体排名来看，在 1~40 的排名区间中，东部地区有 31 个城市进入，如北京市、南京市、上海市等城市，占比 77.5%，高于标准值；中部地区共有 6 个城市进入，如长沙市、合肥市、武汉市等城市，占比 15.0%，未达到标准值；西部地区共有 3 个城市进入，分别是克拉玛依市、玉溪市、呼和浩特市，占比 7.5%，未达到标准值。在 41~80 的排名区间中，东部地区共有 20 个城市进入，如廊坊市、长春市、三明市等城市，占比 50.0%，高于标准值；中部地区共有 11 个城市进入，如岳阳市、芜湖市、湘潭市等城市，占比 27.5%，大致与标准值齐平；西部地区共有 9 个城市进入，如包头市、昆明市、成都市等城市，占比 22.5%，略低于标准值。在 81~120 的排名区间中，东部地区共有 11 个城市进入，如济宁市、肇庆市、淮安市等城市，占比 27.5%，低于标准值；中部地区共有 16 个城市进入，如常德市、铜陵市、淮安市等城市，占比 40.0%，高于标准值；西部地区共有 13 个城市进入，如嘉峪关市、咸阳市、重庆市等城市，占比 32.5%，略高于标准值。在 121~160 的排名区间中，东部地区共有 10 个城市进入，如三亚市、营口市、秦皇岛市等城市，占比 25.0%，远低于标准值；中部地区共有 21 个城市进入，如郴州市、平顶山市、朔州市等城市，占比 52.5%，远高于标准值；西部地区共有 9 个城市进入，如酒泉市、泸州市、绵阳市等城市，占比22.5%，略低于标准值。在161~200的排名区间中，东部地区共有12个城市进入，如张家口市、海口市、鞍山市等城市，占比30.0%，低于标准值；中部地区共有12个城市进入，如怀化市、驻马店市、南阳市等城市，占比30.0%，略高于标准值；西部地区共有16个城市进入，如防城港市、丽江市、北海市等城市，占比40.0%，高于标准值。在201~240的排名区间中，东部地区共有9个城市进入，如辽阳市、聊城市、通化市等城市，占比22.5%，低于标准值；中部地区共有12个城市进入，如吕梁市、宿州市、永州市等城市，占比30.0%，略高于标准值；西部地区共有19个城市进入，如汉中市、吴忠市、眉山市等城市，占比47.5%，远高于标准值。在241~289的排名区间中，东部地区共有28个城市进入，如辽源市、丹东市、阳江市等城市，占比57.1%，超过标准值；中部地区共有2个城市进入，分别是宜春市、孝感市，占比4.1%，远不及标准值；西部地区共有19个城市进入，如平凉市、资阳市、固原市，占比38.8%，高于标准值。

从以上整体排名分析可知，东部地区的城市在整个排行区间中，集中分布在最前部和最后部，平均分布在中部，说明东部地区城市的休闲消费水平发展差距明显，发展格局并不均衡；中部地区的城市主要分布在排名的中部，相对于东部地区有些许逊色，表现并不突出，缺乏水平较高的休闲消费城市；西部城市的排名集中在最后部分，其休闲生活消费水平尤其低。这个排名主要受城镇居民人均可支配收入和人均社会消费品零售总额的影响，中西部地区需要大力发展经济，提高地区人民的休闲生活消费水平。

（二）建设经验

北京市作为我国的首都，其经济发展水平及休闲消费水平始终保持全国的领先地位，本年度在最佳休闲消费城市中位列第一。2021年，北京文旅消费持续回暖，在疫情防控常态化形势下，积极主动应变求新、稳中求进，实现了"十四五"时期的良好开局。2021年北京经济总量达到40 269.6亿元，人均GDP超过2.8万美元，继续居各（省、区）市首位。一般公共预算收入接近6000亿元，服务业增加值占GDP的比重保持在80%以上；产业高端化特征更加明显，2021年数字经济比重达40.4%，文化产业成长壮大，增加值占GDP比重超过1

成，稳居全国第一。①北京市统计局发布的《北京市2021年国民经济和社会发展统计公报》显示，2021年北京市人均可支配收入为75 002元，比上年增长8.0%，其中：城镇居民人均可支配收入为81 518元，增长7.8%；农村居民人均可支配收入为33 303元，增长10.5%，全市居民恩格尔系数为21.3%。②2021年，全市市场总消费额比上年增长11.0%，其中，服务性消费额增长13.4%；实现社会消费品零售总额14 867.7亿元，增长8.4%。社会消费品零售总额中，按消费形态分，商品零售13 733.1亿元，比上年增长7.1%；餐饮收入1134.6亿元，增长27.5%。③2021年，北京接待市民在京游人数1.26亿人次，较上年增长45.9%；旅游收入480.7亿元，较上年增长31.0%；旅游人数2.55亿人次，较上年增长38.8%；旅游收入4166.2亿元，较上年增长43%；人均消费1633.0元，较上年增长3.0%，高于全国水平733.7元。④2021年11月文化和旅游部公布第一批国家级夜间文化和旅游消费集聚区，其中北京有6地入选，包括东城区前门大街、西城区天桥演艺区、朝阳区798-751艺术街区、朝阳区亮马河风情水岸、海淀区华熙LIVE·五棵松和密云区古北水镇；2022年7月公布的第二批国家级夜间文化和旅游消费集聚区名单，北京有5个项目上榜，分别是王府井、北京欢乐谷、朝阳大悦城、北京环球城市大道和乐多港假日广场。2021年，北京通过持续举办惠民文化消费季等品牌活动，线上线下消费活动相互促进，有效提振了市场信心，文化消费持续回暖，全市居民人均文化娱乐消费支出1367元，同比增长12.2%。"2022北京消费季"于3月全城启动，以"约惠北京 乐享生活"为主题，推出了千余项促消费活动，不断为消费市场注入新动能、新活力，带动全市消费市场保持稳定增长。

去年休闲生活与消费位列全国第一的南京市休闲消费受疫情影响较大，但依旧乘风破浪、坚毅前行，2021年排名第二。2021年南京全市地区生产总值突破1.6万亿元，增长7.5%；一般公共预算收入增长5.6%，社会消费品零售总额增长9.7%，全体居民人均可支配收入增长9.1%。2021年，南京正式获批建设引领性国家创新型城市，在科技部发布的国家创新型城市排行榜中名列第四，全球创

---

① https://sdxw.iqilu.com/share/YS0yMS0xMjg5MDI4MQ.html.
② 中国经济网. https://baijiahao.baidu.com/s?id=1726091516160628342&wfr=spider&for=pc.
③ 潇湘晨报. https://baijiahao.baidu.com/s?id=1722397433236005847&wfr=spider&for=pc.
④ 北青网. https://news.ifeng.com/c/8Hbj5xwt3lq.

新指数排名上升至第 18 位，全市高新技术企业总数达 7800 家，科技型中小企业达 1.68 万家。2021 年全市文化产业增加值达 1063.99 亿元，成功迈过"千亿关"。"十三五"期间，南京旅游产业的年均增长率为 13.33%，旅游项目投资额位居全省第一，2021 年实现旅游业总收入 2130 亿元，旅游市场恢复程度快于全省、全国。①2021 年 5 月，南京市发布《南京市创建国际消费中心城市三年行动计划》，聚焦"吃住行游购娱"六大领域，每年细化推进 100 项重点工程，通过引进国际知名酒店品牌、商贸首店，推进"博物馆之城"建设，开辟夜间特色集市等手段，促进南京休闲旅游消费场景不断焕新。②2020 年 12 月，雨花台烈士纪念馆、南京中国科举博物馆成功创建成为国家一级博物馆，南京的长江路文化和旅游集聚区、夫子庙—秦淮风光带两家集聚区于 2021 年 11 月被认定为首批国家夜间文化和旅游消费集聚区，此外还有三家省级首批夜间文化和旅游消费聚集区、两家省级夜间文化和旅游消费集聚区建设单位，如熙南里街区，以传统街巷格局和建筑空间为基础，打造集戏曲表演、大师工作室、老字号、特色餐饮等于一体的文旅街区，现有商户总数 138 家，商户总营业收入每年在 5 亿元左右，文化类商户收入约 2 亿元。③2021 年 9 月以"'宁'动金秋'新'潮澎湃"为主题的 2021 南京国际消费节，大力促进消费惠民，进一步推动消费市场复苏。2022 年 6 月，南京市出台《关于促进消费持续恢复 增强服务业发展韧劲的若干措施》5 项行动 16 条重点举措，包括全年打造 1000 个消费新场景等，南京陆续推出节庆、演出、露营、市集、景区开放日等近百场各具特色的活动，着力打造文商旅融合的夜间消费业态，进一步激发南京都市圈文旅消费潜力。

上海经济建设一直取得令人瞩目的成就，是名副其实的中国消费第一城，2021 年休闲消费城市排名第三。2020 年，上海实现社会消费品零售总额 15 932.50 亿元，比上年增长 0.5%，占全国社会消费品零售总额的 4.06%，比上年占比提高 23%，居全国城市之首。2021 年上海消费潜力持续释放，社会消费品零售总额 1.8 万亿元，增长 13.5%，高于全国 1 个百分点，规模继续稳居全国城市首位。2021 年，上海居民人均可支配收入高达 78 027 元，同比增长 8%，

---

① 中国江苏网. https://baijiahao.baidu.com/s?id=1735593853438609785&wfr=spider&for=pc.
② 南京市人民政府. https://www.nanjing.gov.cn/zdgk/202110/t20211018_3161790.html.
③ 扬子晚报. https://baijiahao.baidu.com/s?id=1734528960862991833&wfr=spider&for=pc.

逼近8万元大关，雄踞全国第一名。2021年上海市实现地区生产总值（GDP）43 214.85亿元，保持全国最大的经济中心城市地位，比上年增长8.1%，两年平均增长4.8%，其中第三产业增加值31 665.56亿元，增长7.6%，第三产业增加值占地区生产总值的比重为73.3%。[①] 2021年6月，上海发布《关于支持上海旅游业提质增能的若干措施》，政策重点从扶企纾困、解燃眉之急，转向提质增能、促长远发展。[②] 2021年9月印发《上海市建设国际消费中心城市实施方案》，强调打造全球消费品集散中心、打响本土制造消费品品牌、打造国际美食之都、扩大文旅休闲消费，全面打响"上海购物"品牌，力争到"十四五"末率先基本建成具有全球影响力、竞争力、美誉度的国际消费中心城市。[③] 2020年4月，上海市印发《关于提振消费信心强力释放消费需求的若干措施》，从"一大节庆""五大消费""四个经济""一个环境"等四个方面，提出12条政策举措全面推动上海消费升级。同年5月4日，东方卫视推出"2020五五购物节"全球大直播，组织重点商圈、特色商街、商业企业、品牌企业开展营销活动，通过线上引流带动实体消费，促进消费回补和潜力释放。[④] 2021年全国消费促进月暨上海五五购物节于5月1日晚在上海展览中心启动，聚焦首发、品牌、夜间等三大经济，新型、大宗、进口商品、餐饮、服务、信息等六大消费及长三角一体化，推出十大主题板块系列活动，推动各方积极参与、全民乐享消费，进一步激发市场活力、释放消费潜力。[⑤] 自2020年到2022年，上海将迎来第三届五五购物节，届时将通过打响12大标杆活动IP，激发市场主体和平台企业积极性，力促消费回补和潜力释放，推动上海国际消费中心城市建设。

---

[①] 南方财富网．http：//www.southmoney.com/redianxinwen/202203/25367934.html.
[②] 上海市人民政府．http：//service.shanghai.gov.cn/XingZhengWenDangKuJyh/XZGFDetails.aspx?docid=REPORT_NDOC_007348.
[③] 上海市人民政府．https：//www.shanghai.gov.cn/nw12344/20210918/1e04ac458e5c4ccb9a1ed0533ace1717.html.
[④] 上海市人民政府．https：//www.shanghai.gov.cn/nw48507/20200825/0001-48507_64764.html.
[⑤] 中华人民共和国商务部．http：//www.mofcom.gov.cn/aarticle/jiguanzx/202105/20210503058456.html.

# 第四章 休闲城市区域发展特征

本章主要分析东、中、西部在城市形象与美誉指数、休闲空间与环境指数、休闲设施与服务指数、休闲经济与产业指数、休闲生活与消费指数共5个方面的排名分布情况以及各省份在这5个指标方面的表现。

本书将按照国家统计局的发布以及四大经济区域的体量分布对东、中、西部的划分进行更新。东部地区（含东北地区）包括北京、天津、河北、上海、江苏、浙江、福建、山东、广东、海南、辽宁、吉林、黑龙江13个省级行政区。在报告中，东部地区有121个城市参评（含北京、上海、天津3个直辖市），包括河北省的石家庄、邯郸、保定、承德、秦皇岛等11个城市，江苏省的扬州、苏州、南通、常州、南京等13个城市，浙江省的绍兴、杭州、宁波、温州、舟山等11个城市，福建省的泉州、漳州、福州、厦门、龙岩等9个城市，山东省的青岛、淄博、烟台、潍坊、济南等16个城市，广东省的广州、东莞、深圳、珠海、汕头等21个城市，海南省的海口、三亚、儋州3个城市，辽宁省的沈阳、大连、鞍山、本溪、盘锦等14个城市，吉林省的长春、松原、辽源等8个城市，黑龙江省的哈尔滨、齐齐哈尔、大庆、佳木斯、七台河等12个城市。

中部地区包括山西、安徽、江西、河南、湖北、湖南6个省、自治区。报告中有80个城市参评，包括山西省的太原、大同、长治、晋中、临汾等11个城市，安徽省的黄山、合肥、淮南、马鞍山、阜阳等16个城市，江西省的南昌、景德镇、鹰潭、抚州、新余等11个城市，河南省的郑州、洛阳、南阳、开封、商丘等17个城市，湖北省的武汉、孝感、黄冈、黄石、随州等12个城市，湖南省的长沙、岳阳、张家界、永州、娄底等13个城市。

西部地区包括内蒙古、广西、重庆、四川、贵州、云南、西藏、陕西、甘肃、青海、宁夏和新疆12个省、自治区和直辖市。报告中有88个城市参评（含重庆市），包括内蒙古的鄂尔多斯、呼和浩特、包头、乌兰察布、呼伦贝尔等9

个城市，广西壮族自治区的南宁、桂林、玉林、防城港等14个城市，四川省的成都、德阳、巴中、眉山、攀枝花等18个城市，贵州省的贵阳、遵义、安顺、六盘水、铜仁等6个城市，云南省的丽江、昆明、曲靖、保山、玉溪等8个城市，西藏自治区的拉萨，陕西省的西安、宝鸡、咸阳、延安、铜川等10个城市，甘肃省的酒泉、兰州、天水、张掖、嘉峪关等12个城市，宁夏回族自治区的银川、吴忠、中卫、石嘴山、固原5个城市，青海省的西宁、海东2个城市，新疆维吾尔自治区的克拉玛依、乌鲁木齐2个城市。

## 一、总体特征分析

### （一）东、中、西部总体特征

我国幅员辽阔，社会经济发展不平衡，东、中、西部城市休闲化发展水平也存在着一定的差异。由于今年对评价指标体系及指标权重进行了更新，数据分析结果较之前版本有所差异。数据分析将通对各部分的数据进行平均数的计算，来初步判定东、中、西部的整体发展情况，通过标准差来发现各区域内发展是否平衡。

表4-1 东、中、西部各指标均值

| 指标 | 统计 | 东部 | 中部 | 西部 | 均值比较 |
| --- | --- | --- | --- | --- | --- |
| 指数总分 | 均值 | 37.88 | 34.29 | 33.02 | 东部＞中部＞西部 |
| | 标准差 | 9.30 | 5.21 | 5.86 | |
| 城市形象与美誉 | 均值 | 7.16 | 6.28 | 5.39 | 东部＞中部＞西部 |
| | 标准差 | 3.59 | 2.85 | 3.01 | |
| 休闲空间与环境 | 均值 | 12.09 | 11.69 | 12.36 | 西部＞东部＞中部 |
| | 标准差 | 1.36 | 1.38 | 1.37 | |
| 休闲设施与服务 | 均值 | 5.17 | 4.91 | 5.03 | 东部＞西部＞中部 |
| | 标准差 | 1.51 | 1.44 | 2.00 | |
| 休闲经济与产业 | 均值 | 6.07 | 4.67 | 4.50 | 东部＞中部＞西部 |
| | 标准差 | 2.24 | 1.09 | 1.37 | |
| 休闲生活与消费 | 均值 | 7.39 | 6.74 | 5.73 | 东部＞中部＞西部 |
| | 标准差 | 3.25 | 1.72 | 1.71 | |

从表4-1来看，从总分平均值来看，东部地区城市休闲发展水平处于领先地位，中部次之，西部落后，总体持续呈现"东部领先，中部追随，西部赶超"的局面。从得分标准差来看，东部地区标准差最大，中部地区标准差最小，说明地区内部城市发展不均在东部最为明显。城市形象与美誉方面，东部地区城市有明显优势，拥有较多数量的国家级非物质文化遗产及各类荣誉称号。休闲空间与环境方面，西部因拥有广袤的土地资源，人口密度较小而且人均绿地资源丰厚，使得在此项指标下的分值高于东部和中部。休闲设施与服务方面，东部地区依托较强的经济实力，相关设施的建设和布局相对完善，指标得分领先中西部地区；西部地区得分高于中部地区，但其标准差较大，区域内部发展不均衡明显；中部的表现稍显逊色。休闲经济与产业方面，东部地区显著领先中、西部地区，且发展水平相差较大；区域内部发展差异方面，东部地区内部发展差异最明显，西部地区次之，中部地区相对均衡。休闲生活与消费方面，由于东部经济发展水平高，因此在得分上明显高于中、西部地区。

## （二）31个省级行政区休闲化发展总体分析

除了从均值以及平方差两组数据对各区域的休闲发展情况做整体性描述外，为进一步分析各区域各省级行政区的具体发展情况，我们对各省级行政区内城市的休闲指数及分指数进行了描述性统计（均值），并描绘出图4-1和图4-2，从更具体的得分区间把握区域间以及区域内各方面的发展程度。将31个省级行政区的休闲指数得分降序排列并依据排名划分1~8名、9~16名、17~24名、25~31名共4个区间，分别对应发展落后、有待发展、发展良好、发展领先4个梯队。

如图4-1、图4-2所示，第一梯队包括北京、上海、浙江、西藏、江苏、天津、福建、重庆8地。东部地区占据6席，西部地区占据2席，中部地区没有上榜。观乎西部地区上榜的两大省级行政区：西藏和重庆，西藏自治区因为仅有拉萨一个城市参评，出现了去短板后均值较高的现象，位列第四；重庆市作为直辖市，休闲化程度综合发展水平也相对领先，位列第八。就整体来看，东部地区的领先地位十分明显。第二梯队包括山东、内蒙古、广东、江西、河北、湖南、安徽、山西8地，此梯队中，中部地区占主导地位，4个省份上榜，东部地区紧随其后共有3个省份上榜，西部地区仅有1个。第三梯队包括贵州、新疆、湖北、海南、青海、云南、宁夏、陕西，西部地区以6席占据主导地位，除此之外，东部、中部地区分别占据1席。第四梯队包括甘肃、广西、辽宁、河南、四川、吉林、黑龙江，以西部、东部省份为主，其中西部省份3个，东部省份3个，中部省份1个。

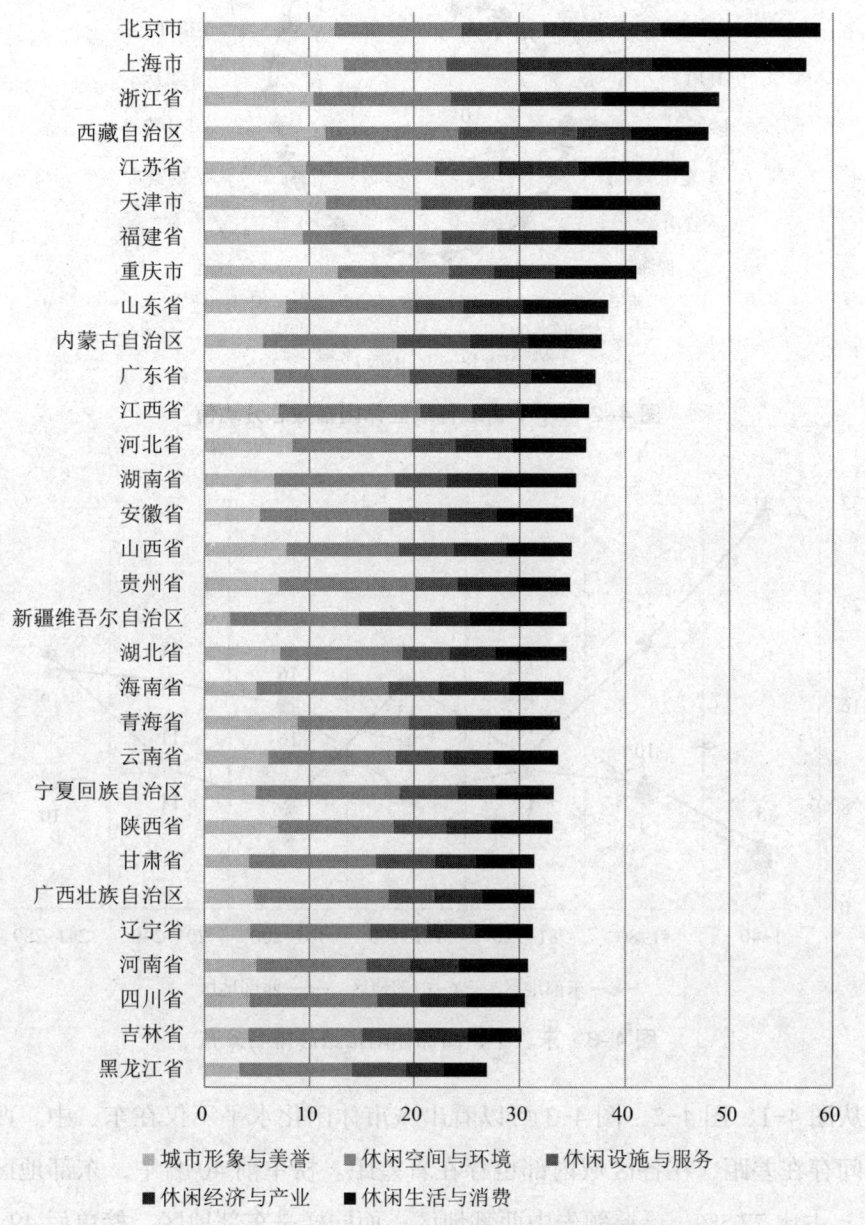

图4-1 31个省级行政区城市休闲指数及分指数

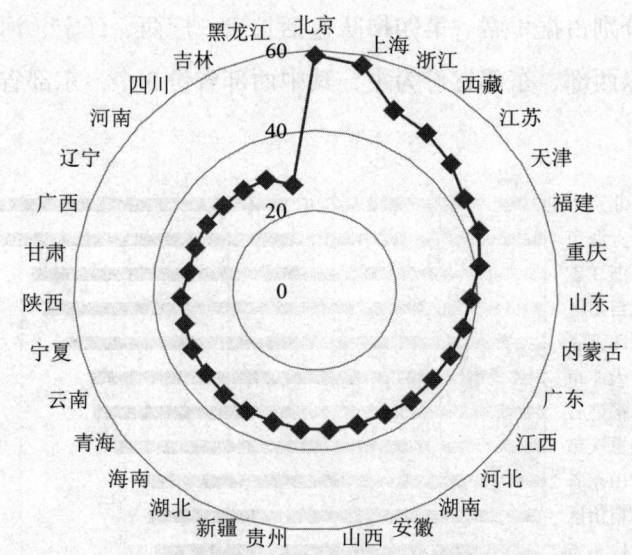

图 4-2 31个省级行政区休闲指数总分均值

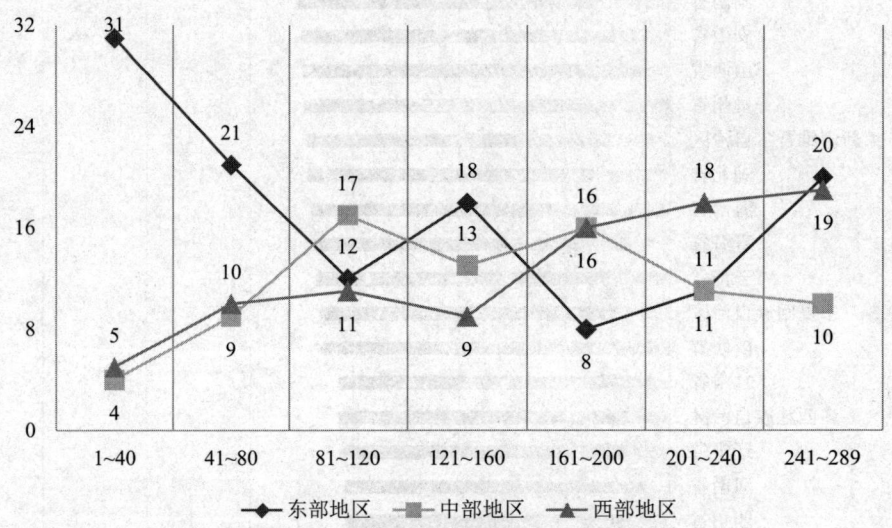

图 4-3 东、中、西部休闲指数总排名分布

从图4-1、图4-2、图4-3可以看出城市休闲化水平不仅在东、中、西部地区之间存在差距，在各区域内部也存在着差距。榜单前40名中，东部地区占据31席，占比77.5%，遥遥领先中西部地区；而同样是东部地区，榜单后49名中，东部地区占据20席，也高于中西部地区，可见东部地区内部城市休闲化水平发展差异较大。长三角、珠三角两大区域的城市大多位居榜单前列，而东北地区的

城市大多处于榜单最末尾，有待进一步发展。中部地区城市在总体排名中分布较为均衡。西部地区城市在总体排名中呈现"头轻脚重"的情况，尽管有发展程度较好的休闲城市，例如鄂尔多斯市（第13名）、成都市（第26名）、拉萨市（第27名），但得分排名位于总体后50%（即位列145名及之后）的城市占比高达65.91%，存在较大的进步空间。

## 二、城市形象与美誉

### （一）东、中、西部排名分布特征分析

从城市形象与美誉指数排名趋势图来看，如图4-4所示，东部地区指数排名折线大体上呈现下降后上升趋势，排名前120的城市数量依旧领先，中部地区指数排名折线则呈先上升后平稳波动的趋势，西部地区指数排名折线呈波动上升趋势。东部地区城市分布在排名前部分的居多，中部地区城市分布在排名区间中间部分的居多，而西部地区城市分布在排名区间后部分的居多。由此可见，东部地区的城市形象与美誉指数发展水平最高，中部地区次之，西部地区则是落后状态。

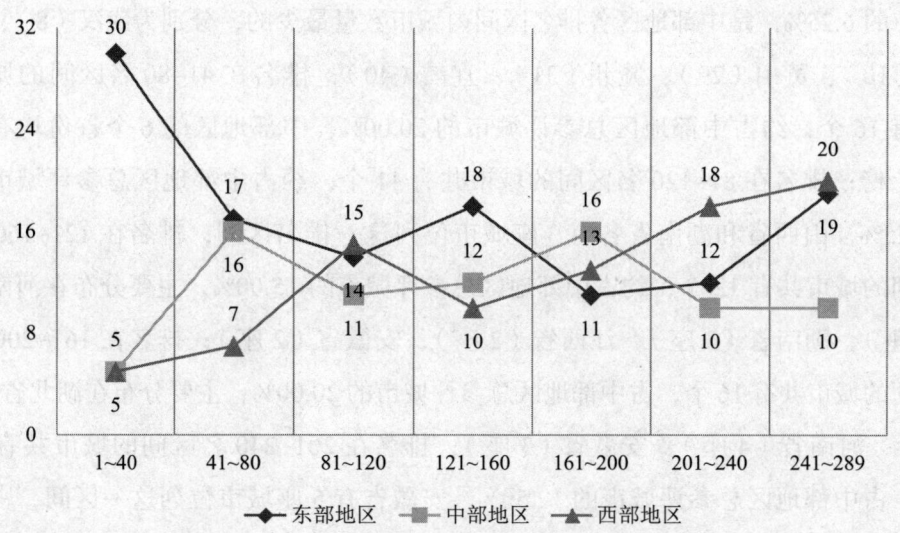

图4-4 东、中、西部城市形象与美誉指数排名分布

东部地区，城市形象与美誉指数排名在1~40名区间的共有30座城市，占

东部地区总参评城市的 24.79%，除上海（3）、北京（11）、天津（23）外，其他城市主要分布在浙江省、江苏省和福建省；排名在 41~80 名区间的城市共有 17 个，占东部地区总参评城市的 14.05%，主要分布在河北省、广东省和山东省；排名在 81~120 名区间的城市共有 14 个，约占东部地区总参评城市的 11.57%，主要分布在广东省和福建省；排名在 121~160 名区间的城市共有 18 个，约占东部地区总参评城市的 14.88%，主要分布在广东省和辽宁省；排名在 161~200 名区间的城市共有 11 个，约占东部地区总参评城市的 9.09%，山东省和广东省各有 2 座城市位列这一排名区间；排名在 201~240 名区间的城市共有 12 个，约占东部地区总参评城市的 9.92%，山东省、辽宁省和黑龙江省各有 3 座城市位列这一区间；排名在 241~289 名区间的城市共有 19 个，约占东部地区总参评城市的 15.70%，东北三省占主导地位，黑龙江省有 6 座城市、辽宁省有 5 座城市、吉林省有 3 座城市位列这一区间。总体来看，城市形象与美誉指数排名前 160 中，浙江省、福建省全部城市均入围该区段，江苏省仅宿迁市（197）排名 160 名之后。东北三省的大部分城市排名位于 160 之后，城市形象与美誉度构建水平不及同区域其他省份。

中部地区，城市排名在 1~40 名区间的共有 5 座城市，约占中部地区总参评城市的 6.25%，是中部地区各排名区间内城市数量最少的，分别为武汉（8）、长沙（10）、黄山（29）、赣州（31）、宜昌（40）；排名在 41~80 名区间的城市共有 16 个，约占中部地区总参评城市的 20.00%，中部地区的 6 个省份均有城市上榜；排名在 81~120 名区间的城市共有 11 个，约占中部地区总参评城市的 13.75%，山西省和湖南省各有 3 座城市位列这一排名区间；排名在 121~160 名区间的城市共有 12 个，约占中部地区总参评城市的 15.00%，主要分布在河南省（4 座）、湖南省（3 座）、江西省（2 座）、安徽省（2 座）；排名在 161~200 名区间的城市共有 16 个，占中部地区总参评城市的 20.00%，主要分布在湖北省（5 座）、河南省（4 座）、安徽省（3 座）；排名在 201~240 名区间的城市共有 10 个，占中部地区总参评城市的 12.50%，安徽省有 5 座城市位列这一区间，占据了半壁江山；排名在 241~289 名区间的城市共有 10 个，约占中部地区总参评城市的 12.50%，其中河南省有 4 座城市、江西省和安徽省各有 2 座城市位列这一排名区间。总体上看，湖南省、江西省、山西省的城市形象与美誉指数在前 160 名的城市数量大于在160名之后的数量，其余3个省份均呈现前少后多的情况。

西部地区，城市排名在1~40名区间的仅有成都（6）、重庆（9）、西安（18）、拉萨（22）、丽江（33）5座城市，占西部地区总参评城市的5.68%；城市排名在41~80名区间的有7座城市，约占西部地区总参评城市的7.95%，陕西省占据3席，内蒙古自治区占据2席；城市排名在81~120名区间的共有15座城市，约占西部地区总参评城市的17.05%，主要分布于广西壮族自治区（4座）、贵州省（3座）、云南省（3座）；城市排名在121~160名区间的有10座城市，约占西部地区总参评城市的11.36%，四川省占据4席，宁夏回族自治区占据2席；城市排名在161~200名区间的共有13座城市，约占西部地区总参评城市的14.77%，其中甘肃省占据4席，贵州省、陕西省、四川省各有2座城市位列这一区间；城市排名在201~240名区间的共有18座城市，约占西部地区总参评城市的20.45%，主要分布于广西壮族自治区（4座）、内蒙古自治区（3座）、甘肃省（3座）、四川省（3座）；城市排名在241~289名区间的共有20座城市，约占西部地区总参评城市的22.73%，是西部地区各排名区间内城市数量最多的，主要分布在四川省（7座）、广西壮族自治区（5座）、甘肃省（3座）。整体上看，西部地区各地的城市形象与美誉的构建水平较落后，大多数省份城市排名集中在160名之后，相较之下，陕西省、贵州省、云南省共3个省份排名在160名之前的比重大于或等于半数，发展较好。

**（二）31个省级行政区城市形象与美誉发展特征分析**

城市形象与美誉水平通过荣誉称号和国家级非物质文化遗产数共2个指标来衡量。如图4-5所示，31个省份（自治区、直辖市）的城市形象与美誉构建水平发展很不均衡，整体呈现出"东、西部地区省份交错位居最前端和最末端，中部地区省份集中分布榜单中段"的发展特征。第一梯队包括上海市、重庆市、北京市、西藏自治区、天津市、浙江省、江苏省、福建省，以东部地区省市为主，中部地区没有省份位列这一梯队，城市形象与美誉指标均值在9.35到13.29之间。第二梯队包括青海省、河北省、山东省、山西省、湖北省、江西省、贵州省、陕西省，在东中西部地区均匀分布，指标均值在6.98到8.85之间。第三梯队包括湖南省、广东省、云南省、内蒙古自治区、安徽省、海南省、河南省、宁夏回族自治区，主要分布于中西部地区，指标均值在4.87到6.62之间。第四梯队包括广西壮族自治区、辽宁省、四川省、甘肃省、吉林省、黑龙江省、新疆维吾尔自治区，以西部地区为主，东部地区的东北三省也位列这一梯队，指标均值在2.44到4.62之间。

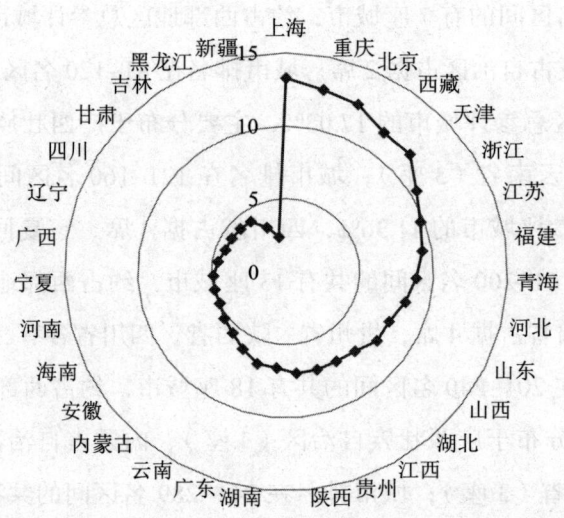

**图4-5　31个省级行政区城市形象与美誉指数均值**

上海市、重庆市、北京市、天津市均位于第一梯队的前五名之内。四个直辖市均获得了国家卫生城市、国家历史文化名城、全域旅游示范区、国家级文明城市、国家园林城市、国家级夜间文化和旅游消费集聚区、国家级休闲街区等7项称号以及部分世界级荣誉称号。截至2022年7月，我国共公布五批国家级非物质文化遗产名录，其中四个直辖市拥有的非遗数量位居全国前四名，分别为北京市120项、上海市76项、重庆市53项、天津市47项。位居第一梯队的其余省级行政区皆在休闲领域有着较高的关注度和知名度，各地也较为重视口碑建设和IP打造，如江苏省持续打造"水韵江苏"文旅品牌，福建省全力打造"全福游、有全福"旅游品牌等，为当地的城市形象与美誉水平提升保驾护航。

## 三、休闲空间与环境

### （一）东、中、西部排名分布特征分析

城市休闲空间与环境方面，如图4-6所示，东部地区城市较为平均地分布

在各个排名阶段，西部地区各区间城市数量呈现从前到后波动递减的趋势，而中部相反，出现递增趋势。总体来看，东部地区在排名1~120的城市数量占比（44.17%）明显高于西部（37.5%）和中部地区（18.33%），领先优势明显。而中部城市近八成（72.5%）位列120名之后，处于末尾分段，城市休闲空间与环境相对较差。

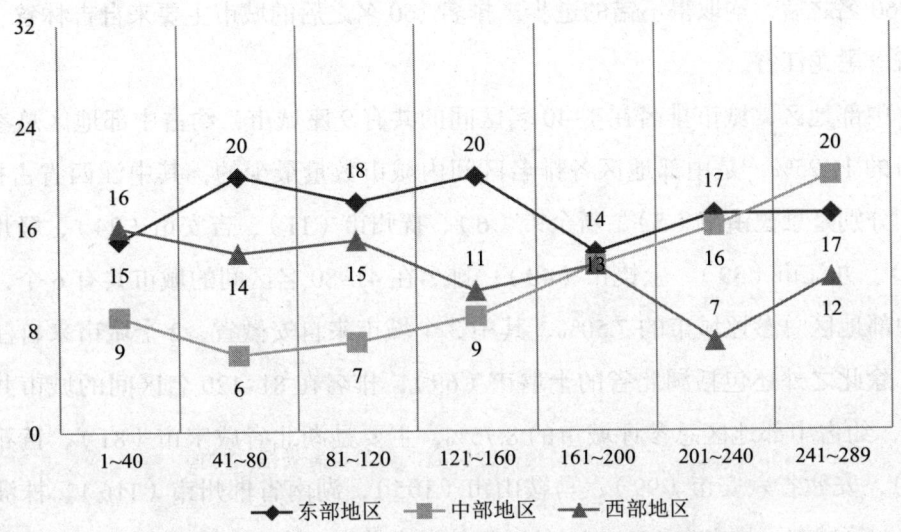

图4-6 东、中、西部城市休闲空间与环境指数排名分布

东部地区，城市排名在1~40名区间的共有15座城市，约占东部地区总参评城市的12.40%，其中山东省威海市位列本项第一，前十名的东部地区城市还有浙江省湖州市（8）、福建省龙岩市（9）、广东省阳江市（10）；排名在41~80名区间的城市共有20个，约占东部地区总参评城市的16.53%，其中广东（9个）、福建（4个）、浙江（4个）三省入围城市最多；排名在81~120名区间的城市共有18个，约占东部地区总参评城市的14.88%，其中江苏（6个）、山东（5个）、广东（3个）三省入围城市最多；排名在121~160名区间的城市共有20个，约占东部地区总参评城市的16.53%，其中山东省和江苏省各4个城市位列这一区间；排名在161~200名区间的城市共有14个，约占东部地区总参评城市的11.57%，主要分布于黑龙江省（5个）、河北省（3个）；排名在201~240名区间的城市共有17个，约占东部地区总参评城市的14.05%，其中辽宁省共有6个城市位列这一区间，分别是鞍山市（201）、辽阳市（204）、铁岭市（216）、营口

市（219）、阜新市（227）、沈阳市（231）；排名在241~289名区间的城市共有17个，占比为14.05%，其中东三省占据10席（辽宁省2个、吉林省3个、黑龙江省5个）。东部地区休闲空间与环境入围前160名城市数量占比中，福建省、浙江省所有城市均入围。除此之外江苏省仅有徐州市（191）和淮安市（214）两座城市位列160名之后，广东省仅有河源市（210）、湛江市（286）两座城市位列160名之后，均取得不错的进步。排名160名之后的城市主要来自吉林省、河北省、黑龙江省。

中部地区，城市排名在1~40名区间的共有9座城市，约占中部地区总参评城市的11.25%，是中部地区各排名区间内城市数量最少的，其中江西省占据7席，分别是景德镇市（5）、新余市（6）、抚州市（11）、吉安市（24）、赣州市（33）、九江市（39）、上饶市（40）；排名在41~80名区间的城市共有6个，约占中部地区总参评城市的7.50%，其中3个城市来自安徽省，2个城市来自江西省，除此之外还包括湖北省的十堰市（69）；排名在81~120名区间的城市共有7个，约占中部地区总参评城市的8.75%，主要是湖北省咸宁市（81）、黄石市（93），安徽省六安市（99）、马鞍山市（105），湖南省郴州市（116）、株洲市（117）等城市；排名在121~160名区间的城市共有9个，约占中部地区总参评城市的11.25%，主要来自河南省（3座）和安徽省（3座）；排名在161~200名区间的城市共有13个，约占中部地区总参评城市的16.25%，其中山西省、湖南省、湖北省、安徽省各有3座城市位列这一区间；排名在201~240名区间的城市共有16个，约占中部地区总参评城市的20.00%，湖南省、山西省分别有5座、4座城市位列这一区间，除此之外安徽省、河南省、湖北省各有2座城市位列这一区间；排名在241~289名区间的城市共有20个，占比中部地区参评城市最大，为25.00%，其中河南省有11座城市位列这一区间。总体来看，中部地区休闲空间及环境水平较高的城市集中在江西省，共有10座城市入围前160名，只有南昌市（236）排名落后。其余五个省份的城市大多数排名在160名之后，其中山西省全部城市均排名在160名之后。

西部地区，城市排名在1~40名区间的共有16座城市，约占西部地区总参评城市的18.18%。广西壮族自治区是西部地区各排名区间内城市数量最多的，有5座城市排在这个区间，分别是防城港市（16）、贺州市（17）、钦州市（22）、贵港市（29）、北海市（36），此外宁夏回族自治区和内蒙古自治区各有3座城市位列这一区间。城市排名在41~80名区间的共有14座城市，约占西部地区总参评城市的15.91%，甘肃省和贵州省占比较大，分别有4座、3座城市入选，主要有酒泉市（52）、安顺市（55）、平凉市（62）等城市。城市排名在81~120名区间的共有15座城市，约占西部地区总参评城市的17.05%，广西壮族自治区占比较重，共有4座城市位列这一区间，包括百色市（86）、河池市（88）、柳州市（103）、玉林市（119）等城市。城市排名在121~160名区间的共有11座城市，约占西部地区总参评城市的12.50%，主要有昭通市（130）、来宾市（135）、绵阳市（139）等城市。城市排名在161~200名区间的共有13座城市，约占西部地区总参评城市的14.77%，四川省占据3席，云南省、内蒙古自治区、广西壮族自治区各占据2席。城市排名在201~240名区间的共有7座城市，约占西部地区总参评城市的7.95%，其中四川省3座、内蒙古自治区和甘肃省各2座。城市排名在240~289名区间的共有12座城市，约占西部地区总参评城市的13.64%，主要来自陕西省（5座）和甘肃省（3座）。总体来看，排在160名之后的西部城市主要集中在四川省和陕西省，分别有7座和6座城市在这一区间。西部地区休闲空间与环境排名在160之前占比较大，西部地区各省主要城市基本都在这一区间。排名在161名之后的城市共有30座，占西部地区总数的34.09%。贵州全省6座城市均位列前160名，广西壮族自治区、宁夏回族自治区、云南省等地的排名情况也呈现积极态势，与当地良好的自然生态环境相匹配。整个西部地区仅有陕西省在本项排名中，位居前160名的城市数量不及参评城市总数的一半。

**（二）31个省级行政区休闲空间与环境发展特征分析**

休闲空间与环境发展水平通过人口密度、空气质量优良率、人均公园绿地面积、建成区绿化覆盖率、人均道路面积、城市生活污水集中处理率、生活垃圾无害化处理率、教育投入共8个指标来衡量。如图4-7所示，31个省级行政区的休闲设施与服务发展水平相较其他评价领域，发展相对均衡，整体呈现出"西部和东部地区省区市交替领先，中部地区夹杂分布于各梯队"的发展特征。第一梯队包括宁夏回族自治区、江西省、福建省、浙江省、贵州省、广东省、广西壮族自治区、内蒙古自治区，西部地区占据半壁江山，中部地区仅占据1席，指标均值在12.84到13.77之间。第二梯队包括西藏自治区、海南省、安徽省、江苏省、新疆维吾尔自治区、云南省、四川省、山东省，依旧是西部地区占据半壁江山，中部地区仅安徽省 1 地位列这一梯队，指标均值在 12.13 到 12.66 之间。第三梯队包括甘肃省、北京市、湖北省、湖南省、辽宁省、河北省、陕西省、吉林省，东部地区占据半壁江山，指标均值在 10.89 到 12.12 之间。第四梯队包括山西省、黑龙江省、青海省、重庆市、河南省、上海市、天津市，指标均值在 9.03 到 10.83 之间。

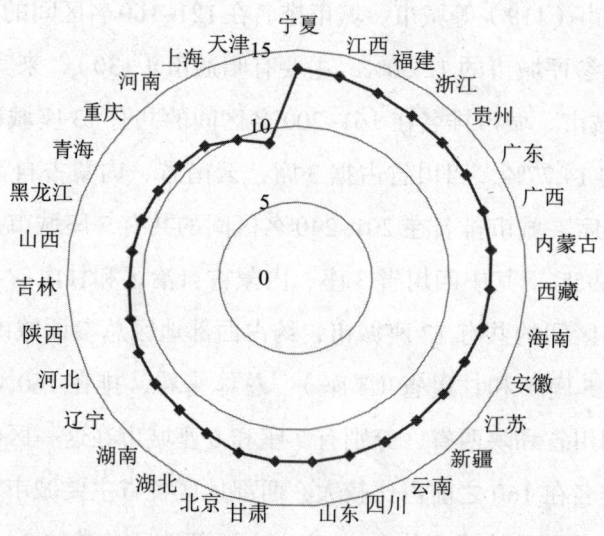

图 4-7　31 个省级行政区休闲空间与环境指数均值

生态环境优良是西部地区的突出优势，宁夏回族自治区在本领域位居各省级行政区排名榜首实至名归。2020 年，宁夏空气质量保持稳定，水环境质量总体改善，土壤环境质量良好，全区生态环境状况进一步改善，休闲空间环境稳步提升。江西省在本领域的排名位居全国第二，是中部地区排名最领先的省份。近年来，该省在生态绿化方面下足了功夫。2020 年，全省完成人工造林 114.7 万亩，占年度计划的 163.9%，大幅超额完成年度计划任务；新增城镇公园 387 个，新增公园绿地面积达 2482 公顷；改建城镇公园 253 个，改建公园绿地面积 553 公顷；新建城镇绿道里程 841 公里，完成覆绿或软覆盖面积达 526 公顷，[①] 国土绿化事业高质量发展取得了显著成效。福建省在本领域的排名位居全国第三，是东

---

① 江西省 2020 年国土绿化状况公报．http：//ly.jiangxi.gov.cn/art/2021/4/16/art_39810_3322608.html．

部地区排名最领先的省份，生态环境质量持续多年领先全国，全省森林覆盖率为66.8%，连续41年位居全国首位，生活垃圾无害化处理率连续多年为100%，市县污水处理率为94.95%，[①] 优良的自然生态为居民创造了宜人宜居的休闲环境。

## 四、休闲设施与服务

### （一）东、中、西部排名分布特征分析

城市休闲设施与服务方面，如图4-8所示，东、西部地区指数排名折线大体上位于中部地区指数排名折线的上面。东部地区城市在各排名区间上的分布较中、西部均匀，其排名在1~160名的城市总数明显高于其他区域。而中部地区城市排名较多地排在120名之后，排名在1~40名区间的城市少于东部和西部地区，总体在各排名区段的城市数量呈递增趋势。整体上来看，东部地区的城市休闲设施与服务水平远远高于中部和西部，虽然西部地区在1~40名区间的城市数量超过中部地区，但其仍有大部分城市的排名集中在241~289名区间，两极分化较为明显。

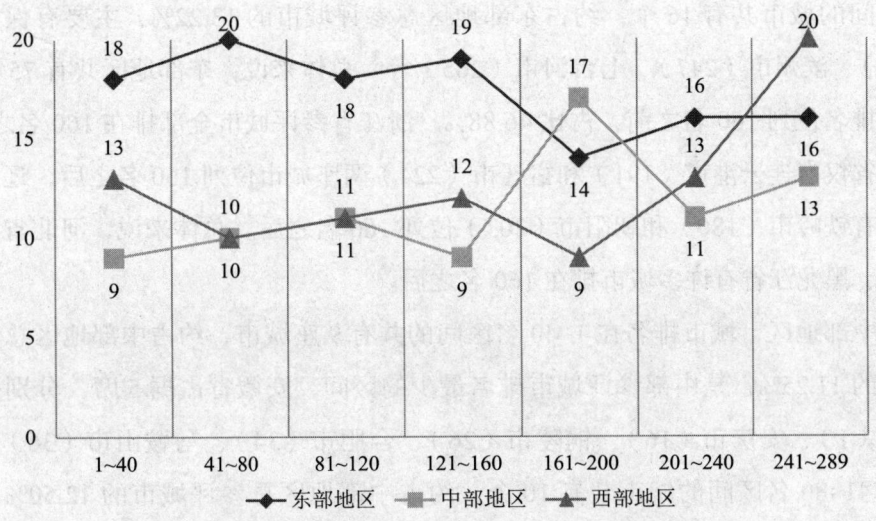

图4-8 东、中、西部城市休闲设施与服务指数排名分布

---

[①] 2020年福建省国民经济和社会发展统计公报 .http://tjj.quanzhou.gov.cn/tsys/UpLoadFiles/43sjfb/129ndsj/qztjnj2021/cn/html/18b.htm.

东部地区，城市排名在 1~40 名区间的共有 18 座城市，约占东部地区总参评城市的 14.88%，黑河市以排名第五的成绩位列东部地区城市休闲设施与服务指数排名的第一，前十名的东部地区城市还有江苏省镇江市（7）、广东省珠海市（9）、黑龙江省伊春市（10）。排名在 41~80 名区间的城市共有 20 个，约占东部地区总参评城市的 16.53%，东部地区参评城市排在这一区间最多，江苏省有 6 座城市入选，浙江省有 4 座城市入选，其余城市均匀分布在黑龙江省、福建省、山东省等地，主要有上海市（43）、宁波市（49）、扬州市（71）等。排名在 81~120 名区间的城市共有 18 个，约占东部地区总参评城市的 14.88%，主要分布在辽宁省（5 座）、广东省（5 座）、江苏省（2 座）等地。排名在 121~160 名区间的城市共有 19 个，约占东部地区总参评城市的 15.70%，主要有盘锦市（122）、天津市（142）、青岛市（143）、广州市（153）等。排名在 161~200 名区间的城市共有 14 个，约占东部地区总参评城市的 11.57%，集中分布在黑龙江省（6 座），其余均衡分布于江苏省、辽宁省、广东省、山东省等地。排名在 201~240 名区间的城市共有 16 个，约占东部地区总参评城市的 13.22%，广东省占比最高，有 4 座城市位列这一区间，其次是山东省和吉林省，各占据 3 席。排名在 241~289 名区间的城市共有 16 个，约占东部地区总参评城市的 13.22%，主要有保定市（242）、滨州市（247）、七台河市（265）等。总体来说，东部地区共有 75 座城市的排名位列 160 名之前，占比 46.88%。浙江省参评城市全部排在 160 名之前，江苏省仅有连云港市（191）和宿迁市（224）两座城市位列 160 名之后，辽宁省也仅有铁岭市（180）和朝阳市（203）位列 160 名之后。总体来说，河北省、广东省、黑龙江省有许多城市排在 160 名之后。

中部地区，城市排名在 1~40 名区间的共有 9 座城市，约占中部地区总参评城市的 11.25%，是中部参评城市排名最少的区间，安徽省占据 5 席，分别是黄山市（1）、安庆市（16）、铜陵市（26）、合肥市（34）、马鞍山市（36）。排名在 41~80 名区间的城市共有 10 个，约占中部地区总参评城市的 12.50%，安徽省占据 4 席，山西省占据 3 席。排名在 81~120 名区间的城市共有 11 个，约占中部地区总参评城市的 13.75%，均匀分布于江西省、湖南省、湖北省、河南省等地。排名在 121~160 名区间的城市共有 9 个，约占中部地区总参评城市的 11.25%，是中部参评城市排名最少的区间，主要分布在湖南省（4 座）、江西省和河南省（各2座）。排名在161~200名区间的城市共有17个，约占中部地区总参评城市的21.25%，是中部地区各排名区间内城市数量最多的，河南省占据5席，此外安徽省、湖北省、湖南省各占据3席。排名在201~240名区间的城市共有11个，约占中部地区总参评城市的13.75%，陕西省占据3席，湖南省、湖北省、河南省各占据2席。排名在241~289名区间的城市共有13个，约占中部地区总参评城市的16.25%，其中河南省占据5席、安徽省和湖北省各占据3席、江西省占据2席。总体来说，中部参评城市排在160名之前与之后的城市数量平分秋色，分别占中部地区总参评城市的48.75%和51.25%。山西省、江西省、安徽省、湖南省排在前160名的城市数量均略高于或等于当地总参评城市数量的50%，湖北省的参评城市排名大多位于161名之后。

西部地区，城市排名在1~40名区间的共有13座城市，约占西部地区总参评城市的14.77%，主要分布在甘肃省和内蒙古自治区，分别占据4席。除此之外，拉萨市（2）、丽江市（8）、克拉玛依市（13）、银川市（23）、桂林市（33）等也位列这一区间。城市排名在41~80名区间的共有10座城市，约占西部地区总参评城市的11.36%，主要分布于四川省，包括广元市（44）、雅安市（61）、攀枝花市（63）、成都市（77）。城市排名在81~120名区间的共有11座城市，约占西部地区总参评城市的12.50%，主要有防城港市（90）、延安市（92）、吴忠市（96）等城市。城市排名在121~160名区间的共有12座城市，约占西部地区总参评城市的13.64%，主要分布在宁夏回族自治区和广西壮族自治区。城市排名在161~200名区间的共有9座城市，约占西部地区总参评城市的10.23%，是西部地区各排名区间内城市数量最少的，主要有乐山市（165）、武威市（189）、重庆市（197）等。城市排名在201~240名区间的共有13座城市，约占西部地区总参评城市的14.77%，其中四川省有4座城市位于这一排名区间。城市排名在241~289名区间的共有20座城市，约占西部地区总参评城市的22.73%，是西部地区各排名区间内城市数量最多的，主要分布在四川省（8座）、广西壮族自治区（5座）、甘肃省（3座）。总体来说，西部参评城市排在160名之前的占比较多，主要分布在甘肃省、内蒙古自治区、宁夏回族自治区、陕西省。值得一提的是，宁夏回族自治区所有参评城市均排在160名之前，内蒙古自治区除赤峰市（196）之外也均位列这一区间。总体来说，排在161名及之后的西部参评城市主要分布在四川省和云南省,分别有 14 座城市和 6 座城市位列这一区间,分别占该省总参评城市数量的 77.78% 和 75.00%。

## (二) 31 个省级行政区休闲设施与服务发展特征分析

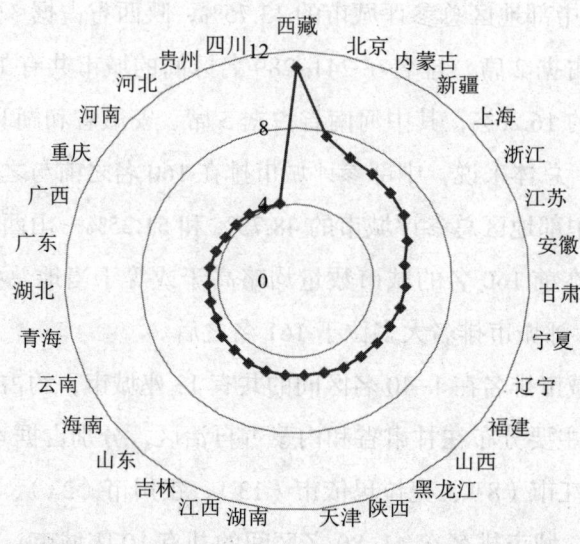

**图 4-9　31 个省级行政区休闲设施与服务指数均值**

休闲设施与服务发展水平通过每百万人拥有 4A 级及以上景区数、每百万人拥有电影院数、每十万人拥有体育场馆数、每百人拥有公共图书馆藏书量、每十万人拥有博物馆数、每万人拥有星级饭店数、每百人拥有私人汽车数、每万人拥有公共汽车数、每万人拥有出租车数、商业服务设施水平共 10 个指标来衡量。如图 4-9 所示,31 个省级行政区的休闲设施与服务发展水平很不均衡,整体呈现出"西藏、内蒙古、新疆等西部省区市占据头部优势,北京、上海、浙江等东部省区市紧随其后,东中西部省区市交错排列"的发展特征。第一梯队包括西藏自治区、北京市、内蒙古自治区、新疆维吾尔自治区、上海市、浙江省、江苏省、安徽省,西藏自治区遥遥领先,东部地区经济发展水平较高的苏浙沪和北京占据半壁江山,但整体排名不及西藏、内蒙古、新疆等地。本区间的休闲经济与产业指标均值在 5.64 到 11.16 之间。第二梯队包含甘肃省、宁夏回族自治区、辽宁省、福建省、山西省、黑龙江省、陕西省、天津市,以东部和西部地区省区市为主,指标均值在 4.96 到 5.64 之间。第三梯队包含湖南省、江西省、吉林省、山东省、海南省、云南省、青海省、湖北省,较为均衡地分布于东中西部地区,指标均值在 4.49 到 4.96 之间。第四梯队包含广东省、广西壮族自治区、重庆市、河南省、河北省、贵州省、四川省，多数来自西部地区，指标均值在 4.11 到 4.46 之间。

西藏自治区、内蒙古自治区、新疆维吾尔自治区三地接续在本领域拔得头筹，取得了耀眼的成绩。一方面，由于行政区划设置的原因，上述三地有大量盟、地区、自治州等地级行政区存在，不参与榜单排名。考虑数据的可获取性，也剔除了上述三地的部分地级市。因此最终西藏自治区仅有拉萨市 1 座城市、新疆维吾尔自治区仅有乌鲁木齐市和克拉玛依市 2 座城市、内蒙古自治区有 9 座城市参与评选，导致最终 3 地在省级行政区的排名中出现"以偏概全"的客观情况，最终结果与实际水平存在偏差，出现虚高现象。另一方面，由于三地地广人稀，即使在休闲设施总量上不及东部一些经济发达的省份，但是人均休闲设施却远远超过除北京以外的所有省级行政区。但不可否认的是，上述地区近年来在休闲设施的建设上也付出了很大的努力，休闲设施与服务水平稳步提升。如 2020 年 1 月至 2021 年 12 月期间，新疆维吾尔自治区新增 4 家 5A 级旅游景区，新增数量居全国之最；2020 年内蒙古自治区全区年末实有出租汽车运营车数由 2019 年的 30 358 辆增长至 35 143 辆，增幅达 15.76%，足见上述地区近年来在休闲设施与服务方面投入的精力之巨大、成绩之斐然。

## 五、休闲经济与产业

### （一）东、中、西部排名分布特征分析

城市休闲经济与产业方面，从城市休闲经济与产业指数排名趋势图来看，如图 4-10 所示，东部地区指数排名折线呈现"先降后升"的特征，超半数的城市位列 120 名之前；中部地区指数排名折线呈现"先升后降"的特征，超半数城市位列 161 名之后；西部地区则呈现明显的上升特征，前 160 名入围城市数量与中部地区不相上下。整体上来看，东部地区的城市休闲经济与产业发展水平最高，中部地区区域内发展水平相较而言最为均衡。西部地区在 1~80 名区间的城市数量远高于中部地区，头部优势明显，但整体而言，还有着较大进步空间。

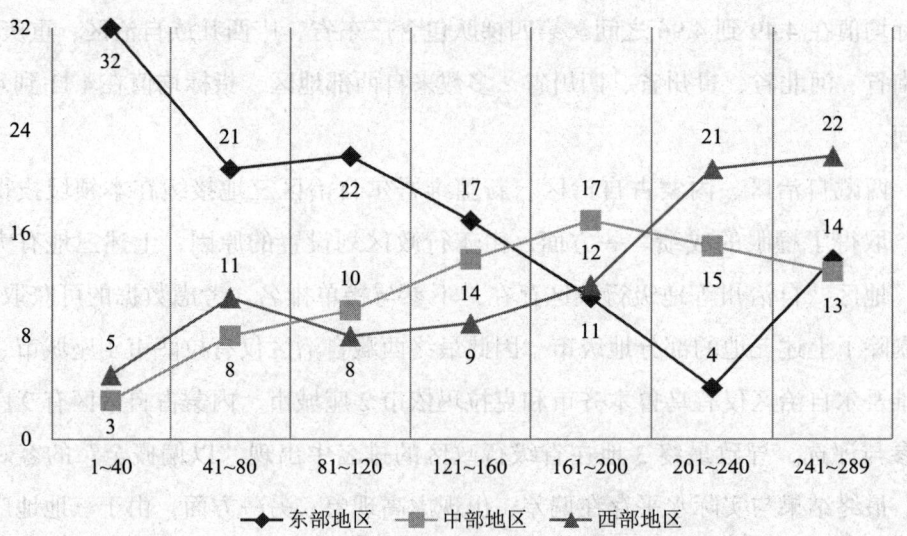

图 4-10　东、中、西部城市休闲经济与产业指数排名分布

东部地区，城市排名在 1~40 名区间的共有 32 座城市，东部地区参评城市排在这一区间最多，占据本区间的八成席位，约占东部地区总参评城市的 26.45%，与东部地区较高的经济发展水平相匹配。值得一提的是，在本区间位列前 10 名的城市均来自东部地区，分别是上海市（1）、苏州市（2）、深圳市（3）、东莞市（4）、北京市（5）、广州市（6）、无锡市（7）、珠海市（8）、宁波市（9）、南京市（10）。排名在 41~80 名区间的城市共有 21 个，约占东部地区总参评城市的 17.36%，主要分布在山东省（6 座）、广东省（5 座）、江苏省（3 座）等地，主要有济南市（45）、泉州市（46）、长春市（53）、哈尔滨市（56）、沈阳市（61）等城市。排名在 81~120 名区间的城市共有 22 个，约占东部地区总参评城市的 18.18%，山东省和河北省各有 5 座城市位列这一区间，广东省和吉林省各有 3 座城市位列这一区间。排名在 121~160 名区间的城市共有 17 个，约占东部地区总参评城市的 14.05%，平均分布于东部地区各省份，包括盐城市（121）、日照市（138）、丹东市（152）等城市。排名在 161~200 名区间的城市共有 11 个，约占东部地区总参评城市的 9.09%，主要分布在辽宁省（3 座）、广东省（2 座）、山东省（2 座）、吉林省（2 座）等地。排名在 201~240 名区间的城市共有 4 个，约占东部地区总参评城市的 3.31%，分别是朝阳市（202）、承德市（209）、龙岩市（211）、儋州市（229）。排名在 241~289 名区间的城市共有 14 个，约占东

部地区总参评城市的11.57%，来自黑龙江省（9座）、辽宁省（3座）、福建省（2座）三地。总体来说，东部地区有92座城市排在160名以前，占东部地区参评城市总数的76.03%。江苏省和浙江省所有城市均位列前160名。广东省也仅有梅州市（167）和阳江市（184）两座城市位列160名之后。除了黑龙江省仅有2座城市（占该省总参评城市总数的16.67%）位列前160名之外，其余省份皆有过半数的城市位列1~160名这一区间，休闲产业与经济发展水平明显好于中西部地区。

中部地区，城市排名在1~40名区间的共有3座城市，约占中部地区总参评城市的3.75%，是中部参评城市排名最少的区间，分别是武汉市（15）、郑州市（23）和长沙市（35）。排名在41~80名区间的城市共有8个，约占中部地区总参评城市的10.00%，江西省、安徽省、湖南省、山西省各有2座城市位列这一区间，包括合肥市（43）、南昌市（65）、太原市（68）等省会城市。排名在81~120名区间的城市共有10个，约占中部地区总参评城市的12.50%，主要分布于山西省（4座）和河南省（3座）。排名在121~160名区间的城市共有14个，约占中部地区总参评城市的17.50%，主要分布在安徽省（6座）、江西省（3座）。除此之外，湖南省和河南省分别占据2席。排名在161~200名区间的城市共有17个，约占中部地区总参评城市的21.25%，是中部参评城市排名最多的区间，集中分布于冀鄂湘三地，其中河南省、湖北省分别占据5席，湖南省占据4席。排名在201~240名区间的城市共有15个，约占中部地区总参评城市的18.75%，主要分布在安徽省（6座）、山西省（3座）、湖南省和河南省（各2座）。排名在241~289名区间的城市共有13个，约占中部地区总参评城市的16.25%，湖北省占据5席，河南省占据4席。总体来说，中部参评城市共35座城市排在160名之前。其中，山西省、江西省、安徽省入选城市过半数，发展水平相对较好。湖北省仅有武汉1座城市位列这一区间，省域内部差距过大，有较大提升空间。

西部地区，城市排名在1~40名区间的共有5座城市，约占西部地区总参评城市的5.68%，是西部地区各排名区间内城市数量最少的，分别是成都市（14）、西安市（25）、昆明市（29）、贵阳市（37）、呼和浩特市（38）。城市排名在41~80名区间的共11座城市，约占西部地区总参评城市的12.50%，中部地区众多省级行政区的省会、首府分布于这一区间，包括南宁市（47）、乌鲁木齐市

（73）、重庆市（75）、兰州市（78）、银川市（79）等城市。城市排名在81~120名区间的共有8座城市，约占西部地区总参评城市的9.09%，主要分布于内蒙古自治区（3座）和广西壮族自治区（2座）。城市排名在121~160名区间的共有9座城市，约占西部地区总参评城市的10.23%，四川省、贵州省和甘肃省各占据2席，包括乐山市（144）、乌兰察布市（153）、酒泉市（159）等城市。城市排名在161~200名区间的共有12座城市，约占西部地区总参评城市的13.64%，较为均衡地分布于广西壮族自治区、内蒙古自治区、四川省、云南省等地，包括梧州市（162）、咸阳市（175）、乌海市（181）等城市。城市排名在201~240名区间的共有21座城市，约占西部地区总参评城市的23.86%，其中四川省有9座城市位列这一排名区间，广西有4座城市位列这一排名区间。城市排名在241~289名区间的共有22座城市，约占西部地区总参评城市的25.00%，是西部地区各排名区间内城市数量最多的，主要分布在甘肃省（5座）、陕西省（4座）、四川省（3座）、广西壮族自治区（3座）、宁夏回族自治区（3座）。总体来说，西部共33座参评城市排在160名之前，除贵州省、内蒙古自治区、重庆市、青海省、西藏自治区、新疆维吾尔自治区以外，其余省级行政区的入选数量均为过半。四川省、陕西省的多数城市排名集中在160名之后，发展水平仍需提高。

**（二）31个省级行政区休闲经济与产业发展特征分析**

休闲经济与产业发展水平通过每万人公路客运量、第三产业占比、人均旅游总收入、外资活力、国内外游客总量、夜间灯光指数共6个指标来衡量。如图4-11所示，31个省级行政区的休闲生活与消费发展水平很不均衡，整体呈现出"北京、上海带领的东部地区远远领先，中西部地区大部分省份落后"的发展特征。第一梯队包括上海市、北京市、天津市、浙江省、江苏省、广东省、海南省、福建省，均来自东部地区，休闲经济与产业指标均值在5.76到12.75之间。第二梯队包含重庆市、山东省、贵州省、内蒙古自治区、河北省、西藏自治区、吉林省、山西省，以中西部地区省区市为主，指标均值在4.99到5.72之间。第三梯队包含湖南省、云南省、安徽省、江西省、河南省、辽宁省、广西壮族自治区、四川省，中部地区占据4席，占据主导位置且区间内排名靠前，指标均值在4.37到4.85之间。第四梯队包含湖北省、陕西省、青海省、甘肃省、新疆维吾尔自治区、宁夏回族自治区、黑龙江省，除黑龙江省和湖北省之外，均来自西部地区，指标均值在 3.60 到 4.33 之间。

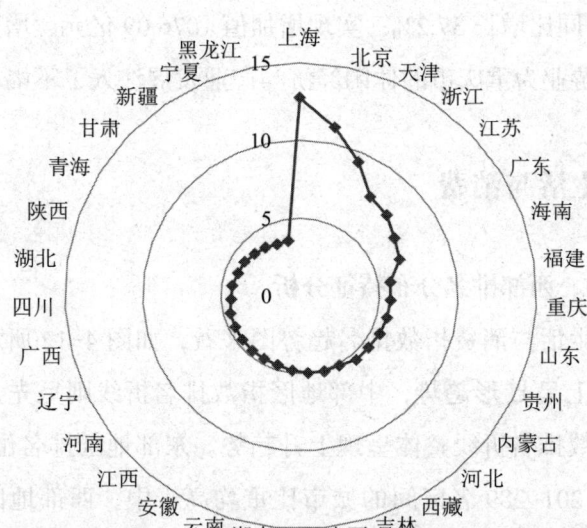

**图 4-11　31 个省级行政区休闲经济与产业指数均值**

上海和北京作为经济发达的国际化大都市，其休闲经济与产业领先于其他省级行政区不足为奇。值得关注的是，海南省在本领域也位居第一梯队。作为我国海岛度假资源最为丰富、开发最为完备的省份，海南省近年来围绕国际旅游消费中心建设的目标，不断提升旅游国际化水平。经过多年的积累与发展，旅游业、现代服务业已成为全省的主导产业，成为经济增长的重要支撑。新冠肺炎疫情发生以来，海南省休闲产业、旅游产业稳步复苏，2020 年海南共接待国内外游客 6455.09 万人次，实现旅游总收入 872.86 亿元，成为疫情影响下我国旅游恢复情况最好的地区之一。2021 年全省共接待游客总人数 8100.43 万人次，同比增长 25.5%，恢复至 2019 年的 97.5%；实现旅游总收入 1384.34 亿元，同比增长 58.6%，较 2019 年增长 30.9%。[①] 坚实的旅游业基础为其休闲经济与产业的发展提供了强劲保障。

重庆市是西部地区排名最前的省级行政区，该地有着独特的休闲文化，也格外重视发展休闲经济与产业，旅游业是重庆市产业的重要组成部分。尽管持续受到新冠肺炎疫情影响，重庆的旅游业却总体呈现出业态体系不断丰富、旅游市场主体更加健全的良好态势。2020 年全市接待过夜游客 6441.48 万人次，同比恢复

---

① 总收入 1384.34 亿元！2021 年海南旅游成绩单出炉.https://baijiahao.baidu.com/s?id=1721836084569124611&wfr=spider&for=pc.

64.5%；实现增加值 979.18 亿元，同比恢复 95.2%。[①]2021 年全市接待过夜游客 8834.86 万人次，同比增长 37.2%；实现增加值 1076.09 亿元，增速为 9.9%。[②]稳健复苏发展的旅游业为重庆市的休闲经济与产业发展注入了不竭动力。

## 六、休闲生活与消费

### （一）东、中、西部排名分布特征分析

从城市休闲生活与消费指数排名趋势图来看，如图 4-12 所示，东部地区指数排名折线大体上呈 U 形趋势，中部地区指数排名折线则呈先上升后下降的趋势，西部地区指数排名折线整体呈现上升趋势。东部地区排名位列 1~80 名区间的城市以及位列 201~289 名区间的城市比重均高于中、西部地区，中部地区城市分布在排名区间中间部分的居多，而西部地区城市分布在排名区间后部分的居多。由此可见，东部地区的城市休闲生活与消费发展水平最高但区域分化严重，中部地区发展水平次之，西部地区则是落后状态。

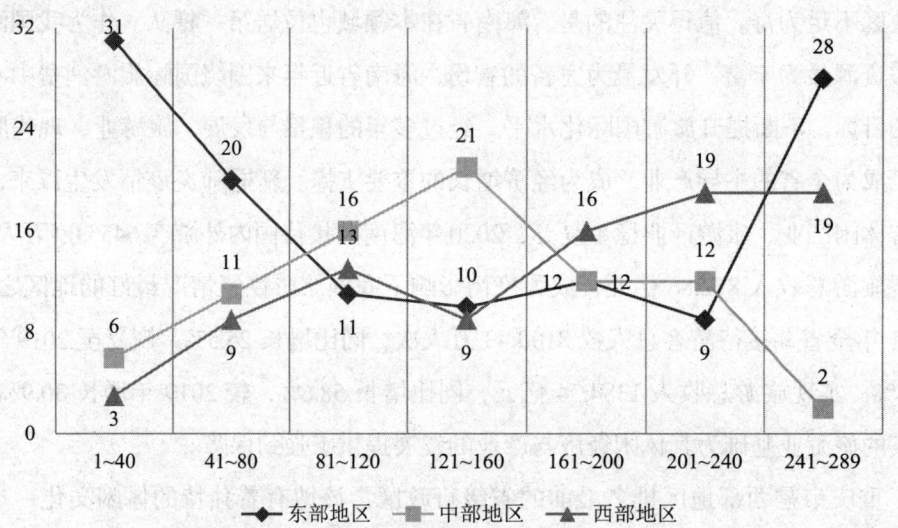

图 4-12　东、中、西部城市休闲生活与消费指数排名分布

---

① 2020 年重庆市旅游业统计公报．http：//whlyw.cq.gov.cn/wlzx_221/sjfb/202104/t20210406_9070626_wap.html.

② 2021 年重庆市旅游业统计公报．http：//whlyw.cq.gov.cn/wlzx_221/sjfb/202204/t20220425_10655394_wap.html.

东部地区，城市休闲生活与消费指数排名在 1~40 名区间的共有 31 座城市，约占东部地区总参评城市的 25.62%，除北京市（1）和上海市（3）之外，其他城市主要分布在浙江省（9 座）、江苏省（8 座）、山东省（5 座）、广东省（4 座）等地。排名在 41~80 名区间的城市共有 20 个，约占东部地区总参评城市的 16.53%，除海南省、北京市、上海市 3 地之外，较为均匀地分布在东部地区其余 10 省份。排名在 81~120 名区间的城市共有 11 个，约占东部地区总参评城市的 9.09%，主要分布在山东省（4 座），江苏省、辽宁省和广东省，分别占据 2 席。排名在 121~160 名区间的城市共有 10 个，约占东部地区总参评城市的 8.26%，河北省占据 3 席，除此之外，山东省、辽宁省、江苏省、黑龙江省、海南省、广东省、福建省各占据 1 席。排名在 161~200 名区间的城市共有 12 个，约占东部地区总参评城市的 9.92%，河北省有 4 座城市、山东省有 3 座城市位列这一排名区间。排名在 201~240 名区间的城市共有 9 个，约占东部地区总参评城市的 7.44%，除了山东省聊城市（205）和广东省韶关市（230）之外，其余 7 座城市均位于东北三省，其中辽宁省占据 4 席、吉林省占据 3 席。排名在 241~289 名区间的城市共有 28 个，约占东部地区总参评城市的 23.14%，主要来自东北三省（黑龙江省 10 座、辽宁省 4 座、吉林省 3 座）和广东省（10 座）。总体来看，休闲生活与消费指数排名前 160 中，江苏省、浙江省、福建省的参评城市均悉数入选。河北省、山东省入选城市过半数，广东省、海南省入选城市比重略低于 50%。黑龙江省、辽宁省、吉林省的大部分城市排名都位于 160 之后，城市休闲生活与消费水平不及同区域其他省份。

中部地区，城市排名在 1~40 名区间的共有 6 座城市，约占中部地区总参评城市的 7.50%，主要是各省的省会城市，分别为长沙市（13）、合肥市（19）、武汉市（27）、马鞍山市（33）、南昌市（36）、郑州市（37）。排名在 41~80 名区间的城市共有 11 个，约占中部地区总参评城市的 13.75%，除江西省外，中部地区其余 5 个省份均有城市上榜。排名在 81~120 名区间的城市共有 16 个，约占中部地区总参评城市的 20.00%，安徽省、湖北省和江西省分别有 4 座城市位列这一区间。排名在 121~160 名区间的城市共有 21 个，约占中部地区总参评城市的 26.25%，主要分布在河南省（9 座），安徽省、湖北省、湖南省分别有 3 座城市位列这一区间。排名在 161~200 名区间的城市共有 12 个，约占中部地区总参评城市的15.00%，其中山西省占据4席，河南省占据3席。排名在201~240名区间的城市共有12个，约占中部地区总参评城市的15.00%，安徽省占据3席，山西省、江西省、湖南省、湖北省各占据2席。排名在241~289名区间的城市共有2个，约占中部地区总参评城市的2.50%，是中部地区各排名区间内城市数量最少的，分别是宜春市（245）和孝感市（269）。总体上看，除了山西省未过半数以外，安徽省、湖北省、河南省、湖南省的休闲生活与消费指数位列前160名的城市数量均略大于位列160名之后的数量，发展水平具有一定的相似性。

西部地区，城市排名在1~40名区间的仅有克拉玛依市（34）、玉溪市（39）、呼和浩特市（40）3座城市，约占西部地区总参评城市的3.41%。城市排名在41~80名区间的有9座城市，约占西部地区总参评城市的10.23%，包含昆明市（53）、成都市（57）、西安市（63）、乌鲁木齐市（67）、兰州市（74）等省会、首府城市。城市排名在81~120名区间的共有13座城市，约占西部地区总参评城市的14.77%，除了新疆维吾尔自治区和内蒙古自治区外，西部地区其余10个省级行政区均有分布，其中重庆市位列第90名。城市排名在121~160名区间的有9座城市，约占西部地区总参评城市的10.23%，四川省占据5席，包括泸州市（123）、绵阳市（124）、德阳市（138）、乐山市（144）、宜宾市（158）。城市排名在161~200名区间的共有16座城市，约占西部地区总参评城市的18.18%，集中分布于广西壮族自治区（5座）、四川省（3座）、甘肃省（2座）、内蒙古自治区（2座）等地。城市排名在201~240名区间的共有19座城市，约占西部地区总参评城市的21.59%，是西部地区各排名区间内城市数量最多的，集中分布在四川省（5座）、陕西省（3座）、贵州省（3座）等地。城市排名在241~289名区间的共有19座城市，约占西部地区总参评城市的21.59%，是西部地区各排名区间内城市数量最多的，主要分布在广西壮族自治区（5座）、甘肃省（4座）、四川省（3座）。整体上看，西部地区各省份城市休闲生活和消费水平发展较差。撇开重庆市、青海省（1个参评）、西藏自治区（1个参评）、新疆维吾尔自治区（2个参评）共4个参评城市较少的省级行政区不谈，仅有陕西省、云南省、内蒙古自治区共3个省份排名在160名之前的比重大于或等于半数，发展较好。四川省、贵州省、广西壮族自治区、甘肃省、宁夏回族自治区等地城市的排名大多集中在160名之后。

## (二)31个省级行政区休闲生活与消费发展特征分析

休闲生活与消费发展水平通过人均社会消费品零售总额、每万人国际互联网用户数、城镇居民人均可支配收入、恩格尔系数以及人均地区生产总值共5个指标来衡量。如图4-13所示,31个省级行政区的休闲生活与消费水平发展很不均衡,整体呈现出"北京、上海带领的东部地区遥遥领先,中西部地区大部分省份落后"的发展特征。第一梯队包括北京市、上海市、浙江省、江苏省、福建省、新疆维吾尔自治区、天津市、山东省。除新疆维吾尔自治区外,均来自东部地区,休闲生活与消费指标均值在8.00到15.49之间。第二梯队包含重庆市、西藏自治区、湖南省、安徽省、内蒙古自治区、河北省、湖北省、河南省,以中西部地区省区市为主,指标均值在6.49到7.67之间。第三梯队包含江西省、云南省、山西省、广东省、陕西省、青海省、四川省、辽宁省,西部地区占据4席,占据主导位置但区间内排名较靠后,东部和中部地区各占据2席,指标均值在5.46到6.38之间。第四梯队包含甘肃省、宁夏回族自治区、海南省、吉林省、贵州省、广西壮族自治区、黑龙江省,4个省份来自西部地区,3个省份来自东部地区,指标均值在4.08到5.45之间。

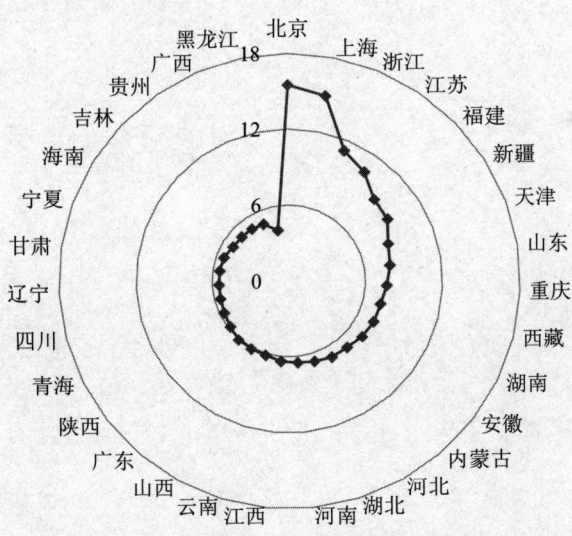

图4-13 31个省级行政区休闲生活与消费指数均值

本领域的构成指标与社会经济发展水平直接相关,北京市以强大的经济实力位居榜首。2020年,北京市城镇居民人均可支配收入高达75 602元,位居全国第二，仅次于上海的76 437元；人均地区生产总值为164 889元，位居全国第二；全市居民家庭恩格尔系数为21.5%，位列全国第三；人均社会消费品零售总额位居全国第五，各方面均衡发展铸就了雄踞榜首的实力。第一梯队中除了新疆维吾尔自治区以外皆位于东部地区，新疆共有2个城市参评，均有着不错的表现，各项指标均处于全国上游水平，其中克拉玛依市2020年度人均地区生产总值高达180 871元，位列全国第一。

# 第五章 休闲城市发展对比分析

休闲城市的发展与其自然环境、社会、经济、政策等因素的变动息息相关，各个城市的休闲发展水平会随之发生一定程度上的变化，或提升，或倒退。立足于各个城市的休闲发展变化，分析并找出其变化的原因，对于休闲发展水平倒退的城市，有针对性地提出提升的建议，有利于我国休闲城市的健康、可持续发展。

本章主要就31个省级行政区在2021年的排名发展变化与2020年进行对比分析。此外，选取休闲发展总指数、休闲空间与环境指数、休闲设施与服务指数、休闲经济与产业指数、休闲生活与消费指数等5个方面位列前20名的城市并与其2020年度排名相比，计算其排名变动情况并进行解读分析。有关城市形象与美誉这一指标，由于2021年和2020年所采取的衡量标准不一致，因此不作对比分析。

## 一、休闲城市发展总指标对比分析

### （一）31个省级行政区休闲发展对比分析

表5-1  31个省级行政区总指标排名变化

|  | 2020 | 2021 | 排名变化 |  | 2020 | 2021 | 排名变化 |
|---|---|---|---|---|---|---|---|
| 北京 | 1 | 1 | 0 | 贵州 | 24 | 17 | 7 |
| 上海 | 2 | 2 | 0 | 新疆 | 5 | 18 | -13 |
| 浙江 | 7 | 3 | 4 | 湖北 | 16 | 19 | -3 |
| 西藏 | 4 | 4 | 0 | 海南 | 3 | 20 | -17 |
| 江苏 | 10 | 5 | 5 | 青海 | 22 | 21 | 1 |
| 天津 | 8 | 6 | 2 | 云南 | 18 | 22 | -4 |

续表

|  | 2020 | 2021 | 排名变化 |  | 2020 | 2021 | 排名变化 |
|---|---|---|---|---|---|---|---|
| 福建 | 9 | 7 | 2 | 宁夏 | 13 | 23 | -10 |
| 重庆 | 6 | 8 | -2 | 陕西 | 20 | 24 | -4 |
| 山东 | 17 | 9 | 8 | 甘肃 | 15 | 25 | -10 |
| 内蒙古 | 11 | 10 | 1 | 广西 | 25 | 26 | -1 |
| 广东 | 14 | 11 | 3 | 辽宁 | 21 | 27 | -6 |
| 江西 | 12 | 12 | 0 | 河南 | 31 | 28 | 3 |
| 河北 | 28 | 13 | 15 | 四川 | 26 | 29 | -3 |
| 湖南 | 23 | 14 | 9 | 吉林 | 30 | 30 | 0 |
| 安徽 | 19 | 15 | 4 | 黑龙江 | 27 | 31 | -4 |
| 山西 | 29 | 16 | 13 |  |  |  |  |

2021年大陆地区31个省级行政区总指标排名变化如表5-1所示，部分省份出现了10名以上的波动。其中波动范围最大的省份是海南，相比于2020年下降了17名；其次是新疆，下降了13名。北京和上海的休闲总指标得分连续两年位列第一名和第二名，浙江、西藏、江苏、天津、福建、重庆在2020和2021年皆排在前十名以内。

山西省的排名相比于2020年上升了13名，主要得益于以下几个方面的提升：1.休闲空间与环境出现较大提升。山西省的空气质量达到二级以上天数占全年比重与城市生活污水集中处理率与去年同期相比均有了较大幅度的提高，大大提升了居民的休闲环境。例如临汾市和吕梁市的空气质量达到二级以上天数占全年比重分别从47.7%、76.7%上升为61.5%、82.8%，阳泉市的城市生活污水集中处理率由93.38%提升为100%。2.休闲设施与服务水平进一步完善。山西省多数城市的每百万人拥有4A级以上旅游景区数量较之去年有所增加，例如晋城市从3.82（百万人/个）提升为5.0（百万人/个）；山西省每万人拥有星级饭店数量、每万人拥有出租车数量均出现较大幅度提升。

海南省的休闲发展排名由第3名下降为20名主要是由以下原因造成的：1.海南省的休闲空间减少。人均绿地面积、建成区绿化覆盖率、人均城市道路面积三项指标均出现不同幅度下滑，其中三亚市、儋州市人均绿地面积分别从14.1（平方米/人)、15.05(平方米/人)下降为13.4(平方米/人)和10.1(平方米/人);海口市的建成区绿化覆盖率、人均城市道路面积由40.94%、16.53(平方米/人)分别下降为40.0%、15.2(平方米/人)。2.海南省的休闲服务设施质量降低,与去年同期相比,每百万人拥有4A级以上旅游景区数量、每十万人体育场馆数、每万人拥有星级饭店数量、每万人拥有公共汽车数量、每万人拥有出租车数量等指标均出现明显下降。例如,海口市和三亚市的每百万人拥有4A级以上旅游景区数量由2.15(个/百万人)、14.19(个/百万人)下降为2.1(个/百万人)、8.7(个/百万人),海口市、三亚市、儋州市的每万人拥有公共汽车数量从9.90(辆/万人)、17.26(辆/万人)、8.79(辆/万人)下降为6.9(辆/万人)、10.7(辆/万人)、0.5(辆/万人),其中儋州市下降最为明显。三亚市的每十万人体育场馆数、每百人公共图书馆藏书、每万人拥有星级饭店数量均出现明显下滑。3.海南省的休闲经济与产业发展有所下滑。新冠肺炎疫情给海南省旅游业带来巨大冲击,人均旅游总收入、国内外游客总量(万人)均出现大幅度下滑。

### (二)前20名休闲城市发展的对比分析

表5-2 前20名城市休闲发展总指标排名变化

| 城市 | 2020 | 2021 | 排名变化 | 城市 | 2020 | 2021 | 排名变化 |
| --- | --- | --- | --- | --- | --- | --- | --- |
| 苏州 | 12 | 1 | 11 | 湖州 | 26 | 11 | 15 |
| 北京 | 5 | 2 | 3 | 镇江 | 63 | 12 | 51 |
| 南京 | 9 | 3 | 6 | 鄂尔多斯 | 31 | 13 | 18 |
| 上海 | 7 | 4 | 3 | 厦门 | 8 | 14 | -6 |
| 杭州 | 6 | 5 | 1 | 长沙 | 29 | 15 | 14 |
| 宁波 | 17 | 6 | 11 | 绍兴 | 15 | 16 | -1 |
| 无锡 | 25 | 7 | 18 | 常州 | 41 | 17 | 24 |
| 广州 | 11 | 8 | 3 | 温州 | 48 | 18 | 30 |
| 深圳 | 19 | 9 | 10 | 嘉兴 | 62 | 19 | 43 |
| 青岛 | 23 | 10 | 13 | 泉州 | 26 | 20 | 15 |

由表5-2可以看出,前20名城市休闲发展总指标的排名波动较大,波动范围在-6至51名之间。其中镇江、嘉兴、温州、常州、鄂尔多斯等城市的排名上升明显,相比2020年分别上升51、43、30、24、18个名次。由此可见,这些城

市在过去一年中对休闲空间与环境、休闲设施与服务、休闲经济与产业等方面作出重要举措，显著提升了城市休闲发展水平。同时，也有部分城市的休闲发展总指标出现不同程度的下滑，其中下滑最为明显的是厦门，下降6个名次；其次是绍兴，下降1个名次。

镇江、嘉兴、温州、常州、鄂尔多斯等城市休闲发展水平的提升主要体现在以下两个方面：1.休闲空间与环境进一步改善。镇江、嘉兴、温州、常州、鄂尔多斯5个城市的人均城市道路面积、空气质量达到二级以上天数占全年比重均出现提升。其中常州市人均城市道路面积由21.87（平方米/人）提升为25.7（平方米/人），空气质量达到二级以上天数占全年比重由69.9%提升为80.3%。近年来，常州市坚持突出源头治理，协同减污降碳，深入打好污染防治攻坚战，休闲空间与环境得到明显改善。镇江市休闲环境质量总体继续改善，生态环境部门紧紧围绕持续改善环境质量中心任务，坚持做好污染防治工作，空气质量达到二级以上天数占全年比重由69.6%提升为81.4%。2.休闲设施数量显著提升。鄂尔多斯市每十万人体育场馆数、每百人公共图书馆藏书、每万人拥有出租车数量、每万人拥有公共汽车数量等方面均出现显著提升，每百人公共图书馆藏书从126.5（本/百人）提升为212.2（本/百人）。为满足人民群众休闲健康的生活需求，鄂尔多斯市积极打造生态宜居公园城市，让公园有机嵌入城市，城市人均公园绿地面积达到33.16平方米/人。嘉兴市在体育场地设施和生态健身绿道网建设上下足了功夫，注重公共健身设施的多元化推动。镇江市不断推进公园绿地建设，实施金牛山山体公园等建设，共完成新建、改建便民型公园绿地10个，推动了城市休闲水平的高质量发展。

厦门和绍兴休闲发展总指标排名下降有以下几点共同原因：1.人口密度提高、人均绿地面积减少。厦门市人口密度由8437（人/平方公里）上涨为9153（人/平方公里），绍兴市人口密度由2237（人/平方公里）上涨为2475（人/平方公里）；厦门市人均绿地面积从15.6（平方米/人）下降为14.6（平方米/人），绍兴市人均绿地面积从15.32（平方米/人）下降为14.8（平方米/人）。2.人均旅游总收入和国内外游客总量大幅下降。由于新冠肺炎疫情影响，厦门和绍兴休闲经济与产业受到巨大冲击，其中厦门市人均旅游总收入和国内外游客总量分别从1654（元/人）、10012（万人次）下降为1495（元/人）、6994（万人次）。3.城市居民人均地区生产总值下降。报告期内,厦门市人均地区生产总值由142 739元下降至123 962元,降幅达13.2%;绍兴市人均地区生产总值由123 420元下降至119 368元,降幅为3.3%。

**(三)提升建议**

海南省的休闲城市发展水平可以从以下几个方面进行提升:1.控制城市的人口规模,降低人口密度。报告期内,海南省海口市、三亚市、儋州市的人口密度均出现不同幅度的上升,因此休闲空间与设施相对减少,降低人口密度可以使城市居民的人均休闲空间增加,更利于打造宜居、宜游的城市休闲环境。2.加大城市生活污水处理率。三亚市要完善污水处理系统,加大城市生活污水的处理率。3.推动旅游行业回暖复苏。围绕消费热点,通过发放消费券、举办免税购物节、推出主题活动引客入岛等一系列措施,推动旅游消费回稳回暖。4.增加休闲设施与服务的供给。提高影剧院数量、体育馆数量,为人们提供丰富多元的休闲空间与设施,同时提高公共汽车、出租车供给量,满足居民休闲出行需求。

厦门市和绍兴市的休闲发展水平可以从以下几个方面提升:1.提高人均绿地面积。厦门和绍兴的人均绿地面积均出现下降,可通过新增或改造提升城市园林绿地面积。厦门市可以充分发挥厦门通山连海的自然优势,把公园绿地建设摆在新城开发建设的先行位置,提升城市休闲品质和生活。2.提高休闲服务设施数量。加大国家4A级以上旅游区、体育馆、星级饭店的建设,提升每万人拥有公共汽车数量、每万人拥有出租车数量,满足居民的休闲文化需求。3.刺激旅游消费。政府出台旅游促消费政策,景区丰富旅游项目,多措并举刺激旅游消费。

## 二、休闲空间与环境指数对比分析

**(一)31个省级行政区休闲空间与环境发展对比分析**

表5-3 31个省级行政区休闲空间与环境排名变化

|   | 2020 | 2021 | 排名变化 |   | 2020 | 2021 | 排名变化 |
|---|---|---|---|---|---|---|---|
| 宁夏 | 5 | 1 | 4 | 甘肃 | 10 | 17 | -7 |
| 江西 | 7 | 2 | 5 | 北京 | 26 | 18 | 8 |

续表

|  | 2020 | 2021 | 排名变化 |  | 2020 | 2021 | 排名变化 |
|---|---|---|---|---|---|---|---|
| 福建 | 3 | 3 | 0 | 湖北 | 23 | 19 | 4 |
| 浙江 | 9 | 4 | 5 | 湖南 | 19 | 20 | -1 |
| 贵州 | 12 | 5 | 7 | 辽宁 | 17 | 21 | -4 |
| 广东 | 15 | 6 | 9 | 河北 | 28 | 22 | 6 |
| 广西 | 13 | 7 | 6 | 陕西 | 25 | 23 | 2 |
| 内蒙古 | 2 | 8 | -6 | 吉林 | 18 | 24 | -6 |
| 西藏 | 8 | 9 | -1 | 山西 | 27 | 25 | 2 |
| 海南 | 4 | 10 | -6 | 黑龙江 | 14 | 26 | -12 |
| 安徽 | 22 | 11 | 11 | 青海 | 20 | 27 | -7 |
| 江苏 | 24 | 12 | 12 | 重庆 | 11 | 28 | -17 |
| 新疆 | 1 | 13 | -12 | 河南 | 31 | 29 | 2 |
| 云南 | 6 | 14 | -8 | 上海 | 21 | 30 | -9 |
| 四川 | 16 | 15 | 1 | 天津 | 30 | 31 | -1 |
| 山东 | 29 | 16 | 13 |  |  |  |  |

2021年大陆地区31个省级行政区休闲空间与环境排名变化如表5-3所示，31个省级行政区的休闲空间与环境经过一年的发展，排名变化幅度较小，除个别省份以外，波动范围在10名以内，发展相对稳定。山东、江苏和安徽的休闲空间与环境的排名提升的较多，分别提升了13、12和11个名次。重庆、新疆的休闲空间与环境的排名则下降得较多，分别下降17、12个名次。

山东、江苏和安徽休闲空间与环境的发展得益于以下几个方面：1.空气质量提升。山东省生态环境质量持续改善，达到有监测记录以来的最好水平；同时山东省积极出台各项政策促进生态环境可持续发展，例如出台《美丽山东建设规划纲要（2021—2035年）》，多措并举提升居民休闲空间与环境。2.城镇生活污水集中处理率和生活垃圾无害化处理率提升。江苏省作为全国唯一的生态环保制度综合改革试点省份，率先开展排污权有偿使用和交易，率先推行水环境资源"双向"补偿，运用经济杠杆提升各地治污能力，多个城市城镇生活污水集中处理率和生活垃圾无害化处理率出现显著提升。安徽省也针对生活污水处理等出台了具体政策。3. 建成区绿化覆盖率提升。例如宣城市、池州市、亳州市的建成区绿化覆盖率分别由41.68%、44.86%、37.32%上升为42%、46.1%、39.9%。

重庆、新疆的休闲空间与环境的排名下降是由以下原因造成的：1. 人口密度的增加，导致人均休闲空间减少。重庆市和新疆的乌鲁木齐市人口密度都有一定程度上的增加，人口密度的增加，使得在休闲空间总量不变的情况下，当地居民的人均休闲空间大大缩减。2. 空气质量的下降。重庆由于部分工地扬尘污染物排放量增大、部分道路保洁不到位、露天焚烧秸秆管控不到位，加之不利气象因素等导致空气质量下降。新疆的部分城市由于浮尘天气多、施工项目用煤炭做燃料等因素，以及乌鲁木齐工业企业较多的原因，导致二氧化硫等污染物浓度明显升高。3. 生活垃圾无害化处理率下降。生活垃圾的处理对于城市的环境具有重要影响，重庆市生活垃圾无害化处理率由100%下降为93.8%。

### （二）前20名城市休闲空间与环境发展的对比分析

表5-4 前20名城市休闲空间与环境排名变化

| 城市 | 2020 | 2021 | 排名变化 | 城市 | 2020 | 2021 | 排名变化 |
|---|---|---|---|---|---|---|---|
| 鄂尔多斯 | 11 | 1 | 10 | 抚州 | 22 | 11 | 11 |
| 威海 | 57 | 2 | 55 | 雅安 | 100 | 12 | 88 |
| 嘉峪关 | 5 | 3 | 2 | 石嘴山 | 13 | 13 | 0 |
| 固原 | 107 | 4 | 103 | 肇庆 | 199 | 14 | 185 |
| 景德镇 | 7 | 5 | 2 | 中卫 | 73 | 15 | 58 |
| 新余 | 9 | 6 | 3 | 防城港 | 150 | 16 | 134 |
| 黄山 | 2 | 7 | -5 | 贺州 | 120 | 17 | 103 |
| 湖州 | 112 | 8 | 104 | 衢州 | 62 | 18 | 44 |
| 龙岩 | 25 | 9 | 16 | 江门 | 134 | 19 | 115 |
| 阳江 | 66 | 10 | 56 | 梅州 | 23 | 20 | 3 |

由表5-4可以看出，前20名城市休闲空间与环境的排名波动非常大，波动范围在-5至185名之间。城市的休闲空间与环境很容易受到空气质量、人口密度、绿地面积、城市道路面积、污水和生活垃圾处理率等因素的影响，当地政府通过实施生态环境保护等各项措施能够较大程度改善休闲空间与环境，因此波动范围会很大。固原、湖州、肇庆、防城港等城市的排名上升明显，变化名次均在

100名以上。由此可见,这些城市在一年中对城市的休闲空间与环境建设做了很大的努力。黄山市的排名下降5个名次,需要加强城市的休闲空间与环境建设。

固原、湖州、肇庆、防城港等城市休闲发展水平的提升主要体现在以下几个方面:1.人口密度降低导致休闲空间的相对增加。固原市的人口密度由5354(人/平方公里)下降为4491(人/平方公里)。2.人均绿地面积增加。固原市人均绿地面积由26.1(平方米/人)上升为35.1(平方米/人),主要得益于固原市创建国家园林城市、国家卫生城市和自治区文明城市,相继建成九龙公园、北海湿地公园、城墙遗址公园、海绵公园等;同时建成30多个街头绿地和休闲广场,大大提升了城市人均绿地面积。近年来肇庆市也在不断加大城市绿化建设以及投入,公园绿地面积增至约1853公顷,人均公园绿地面积达到21.7(平方米/人),位居广东省前列。3.城市生活污水集中处理率与生活垃圾无害化处理率的提升。在过去一年里,固原、湖州、肇庆采取行动使得城镇生活污水集中处理率和生活垃圾无害化处理率得到了很大的提高。例如,固原市出台相应政策,系统推进固原市生活污水治理,积极推进污水资源化利用,促进解决水资源短缺、生态损害等问题,有效提高生活污水集中处理率。肇庆市通过制定《肇庆市城市生活垃圾分类管理条例》,加强城市生活垃圾分类管理,控制污染,实行城市化管理区域的生活垃圾分类投放、收集、运输、处理及监督管理等,有效改善城市人居环境。4.空气质量提升。湖州市空气质量达到二级以上天数占全年比重由76.7%上升为97.7%;同样,肇庆市空气质量达到二级以上天数占全年比重在过去一年也有较大幅度上升,由75%上升为99.2%,从而有效提升城市休闲空间与环境水平,黄山市休闲空间与环境排名下降主要受城市生活污水集中处理率下降的影响。黄山市的城市生活污水集中处理率出现小幅度下降,由2020年的96.2%下降为96.1%。

**(三)提升建议**

重庆、新疆的休闲空间与环境可以从以下几个方面进行提升:1.加大生活垃圾无害化处理力度。政府出台相应对策,对城市生活垃圾无害化处理进行监督,本着政府推动、全民参与、统筹规划、因地制宜等原则,实行生活垃圾减量化、资源化、无害化控制和管理。2.有效应对人口规模提升,扩展城市休闲空间。一方面要控制人口规模总量,另一方面要扩展休闲空间。可通过开展老城区棚户区改造、老旧小区整治、古城风貌恢复等旧城改造工作,建设城市公园、休闲广场等来扩展休闲空间，进而增加居民的人均休闲空间。3.改善空气质量。新疆和重庆要加大工业污染气体排放的控制，重点解决城市扬尘、露天焚烧、烟花爆竹燃放等突出问题。

黄山市休闲空间与环境可以从以下几个方面提升：1.强化城市生活污水处理能力。黄山市要优化污水处理流程，因地制宜调整整改措施，全面提升污水处理能力，确保污水达标排放。同时要严肃查处各类涉水环境违法行为，加强水污染源头管控。2.改善空气质量。要在优化产业结构、加大清洁能源的投入力度、综合整治扬尘、治理煤烟型污染、深化治理工业污染等方面防治。

## 三、休闲设施与服务指数对比分析

### （一）31个省级行政区休闲设施与服务发展对比分析

表5-5　31个省级行政区休闲设施与服务指数排名变化

|   | 2020 | 2021 | 排名变化 |   | 2020 | 2021 | 排名变化 |
|---|---|---|---|---|---|---|---|
| 西藏 | 3 | 1 | 2 | 湖南 | 30 | 17 | 13 |
| 北京 | 4 | 2 | 2 | 江西 | 23 | 18 | 5 |
| 内蒙古 | 8 | 3 | 5 | 吉林 | 25 | 19 | 6 |
| 新疆 | 2 | 4 | −2 | 山东 | 21 | 20 | 1 |
| 上海 | 5 | 5 | 0 | 海南 | 1 | 21 | −20 |
| 浙江 | 9 | 6 | 3 | 云南 | 27 | 22 | 5 |
| 江苏 | 15 | 7 | 8 | 青海 | 11 | 23 | −12 |
| 安徽 | 13 | 8 | 5 | 湖北 | 26 | 24 | 2 |
| 甘肃 | 6 | 9 | −3 | 广东 | 20 | 25 | −5 |
| 宁夏 | 7 | 10 | −3 | 广西 | 16 | 26 | −10 |
| 辽宁 | 12 | 11 | 1 | 重庆 | 19 | 27 | −8 |
| 福建 | 17 | 12 | 5 | 河南 | 31 | 28 | 3 |
| 山西 | 22 | 13 | 9 | 河北 | 29 | 29 | 0 |
| 黑龙江 | 14 | 14 | 0 | 贵州 | 24 | 30 | −6 |
| 陕西 | 18 | 15 | 3 | 四川 | 28 | 31 | −3 |
| 天津 | 10 | 16 | −6 |   |   |   |   |

休闲设施与服务指数排名变化如表 5-5 所示，各省份发展较为稳定，名次波动较小。变化幅度最大的是海南省，下降了 20 名。上海、黑龙江、河北三个省级行政区的排名没有发生变化，分别位列 31 个省级行政区休闲设施与服务指数的第 5 名、第 14 名、第 29 名。西藏、北京、内蒙古、新疆、上海、浙江在 2020 和 2021 年皆在前十名内，海南省排名变化最大，由 2020 年的第 1 名下降为 21 名，江苏省由 2020 年的第 15 名上升为第 7 名。总体来看休闲设施与服务指数前 10 名基本稳定。11~20 名之间省份排名也较为稳定。

## （二）前 20 名城市休闲设施与服务发展的对比分析

表 5-6  前 20 名城市休闲设施与服务排名变化

| 城市 | 2020 | 2021 | 排名变化 | 城市 | 2020 | 2021 | 排名变化 |
|---|---|---|---|---|---|---|---|
| 黄山 | 6 | 1 | 5 | 张掖 | 3 | 11 | -8 |
| 嘉峪关 | 2 | 2 | 0 | 呼和浩特 | 29 | 12 | 17 |
| 拉萨 | 12 | 3 | 9 | 克拉玛依 | 4 | 13 | -9 |
| 鄂尔多斯 | 11 | 4 | 7 | 通化 | 140 | 14 | 126 |
| 黑河 | 124 | 5 | 119 | 三明 | 66 | 15 | 51 |
| 呼伦贝尔 | 30 | 6 | 24 | 安庆 | 96 | 16 | 80 |
| 镇江 | 64 | 7 | 57 | 晋城 | 120 | 17 | 103 |
| 丽江 | 22 | 8 | 14 | 北京 | 13 | 18 | -5 |
| 珠海 | 8 | 9 | -1 | 丽水 | 23 | 19 | 4 |
| 伊春 | 18 | 10 | 8 | 金昌 | 5 | 20 | -15 |

由表 5-6 可以看出，前 20 名城市休闲设施与服务指标的排名波动较大，波动范围在 -15 至 126 名之间。黑河、通化、晋城、安庆等城市排名上升明显，相比 2020 年分别上升 119、126、103、80 个名次，没有城市排名大幅下降。金昌排名有小幅下降，下降了 15 名。

黑河、通化、晋城、安庆等城市休闲设施与服务排名上升有以下几个共同原因：1. 旅游景区增加。黑河、通化、晋城、安庆的每百万人拥有 4A 级以上旅游景区存在较为明显的提升，分别从 3.8（个/百万人）、2.3（个/百万人）、3.8（个/百万人）、4.9（个/百万人）提升为 4.7（个/百万人）、6.1（个/百万人)、5.0(个/百万人)、5.3(个/百万人)。黑河市编制完成《黑河市全域旅游发展规划》《黑河市"十四五"文化旅游发展规划》，形成"双核四带四区"全域旅游发展新格局，有效推动A级旅游景区高质量发展。2.公共休闲场所增加。每十万人体育场馆数、每百人公共图书馆藏书明显提升。《黑河市加快发展健身休闲产业实施计划（2019—2025年）》有效提升了居民公共休闲场所，完善休闲基础设施建设。其中黑河市每百人公共图书馆藏书由27.8（本/百人）增加到94.4（本/百人），每十万人体育场馆数由0.76（个/十万人）上升为2.2（个/十万人）。通化市每百人公共图书馆藏书从45.8（本/百人）提升为104.4（本/百人），晋城市每百人公共图书馆藏书从52.7（本/百人）提升为171.9（本/百人）。3.每万人拥有出租车数量和公共汽车数量的增加。黑河、通化、晋城、安庆每万人拥有出租车数量分别增加了50.5辆、26.5辆、19.3辆、18.5辆，交通工具数量的提升也使得居民更加方便、自由地进行休闲活动。

**（三）提升建议**

各城市休闲设施与服务指标变化幅度较小，少数城市出现了名次的下降。城市休闲设施与服务水平对于居民开展休闲娱乐活动至关重要，将对居民的幸福感与获得感产生重要影响。排名较为落后的城市主要存在公共休闲场所有限、公共服务水平不高等问题。因此，对于城市休闲设施与服务指标的提升，可从以下几个方面考虑：1.完善城市交通条件。城市交通设施与安全，能够反映城市内外交通的便捷程度和安全性，交通枢纽功能强大，能够满足城市居民的日常休闲活动与出行需求，提高城市休闲化水平。2.增加公共休闲场所。在提高体育馆、图书馆等传统休闲场所数量的基础上，着力打造文化休闲景观建设项目，通过建设运动驿站、休闲广场、游乐场、休息节点等功能设施，极大提升休闲空间的功能和使用舒适度，在营造良好人文环境的同时，也为市民平时的休闲娱乐提供场所。

## 四、休闲经济与产业指数对比分析

### （一）31个省级行政区休闲经济与产业发展对比分析

表5-7　31个省级行政区休闲经济与产业指数排名变化

|  | 2020 | 2021 | 排名变化 |  | 2020 | 2021 | 排名变化 |
| --- | --- | --- | --- | --- | --- | --- | --- |
| 上海 | 1 | 1 | 0 | 湖南 | 17 | 17 | 0 |
| 北京 | 3 | 2 | 1 | 云南 | 8 | 18 | -10 |
| 天津 | 6 | 3 | 3 | 安徽 | 14 | 19 | -5 |
| 浙江 | 7 | 4 | 3 | 江西 | 15 | 20 | -5 |
| 江苏 | 16 | 5 | 11 | 河南 | 29 | 21 | 8 |
| 广东 | 9 | 6 | 3 | 辽宁 | 26 | 22 | 4 |
| 海南 | 2 | 7 | -5 | 广西 | 22 | 23 | -1 |
| 福建 | 10 | 8 | 2 | 四川 | 18 | 24 | -6 |
| 重庆 | 5 | 9 | -4 | 湖北 | 11 | 25 | -14 |
| 山东 | 25 | 10 | 15 | 陕西 | 19 | 26 | -7 |
| 贵州 | 13 | 11 | 2 | 青海 | 28 | 27 | 1 |
| 内蒙古 | 24 | 12 | 12 | 甘肃 | 21 | 28 | -7 |
| 河北 | 23 | 13 | 10 | 新疆 | 12 | 29 | -17 |
| 西藏 | 4 | 14 | -10 | 宁夏 | 31 | 30 | 1 |
| 吉林 | 27 | 15 | 12 | 黑龙江 | 30 | 31 | -1 |
| 山西 | 20 | 16 | 4 |  |  |  |  |

休闲经济与产业指数排名变化如表5-7所示，休闲经济与产业方面，排名变化最大的是新疆，下降了17名；其次是湖北，下降了14名；西藏和云南各下降了10个名次；山东、内蒙古、吉林上升幅度较大，分别上升15名、12名、12名。上海、湖南的排名没有发生变化，分别位列31个省级行政区休闲设施与服务指数排名的第1名、第17名。上海已经连续两年位居休闲设施与服务指数排名的第1名。总体来看，2021年31个省级行政区休闲经济与产业指数排名前10名变化不大，只有江苏省由2020年的16名上升为2022年的第5名，上升了11个名次。

山东、内蒙古、吉林等省级行政区排名上升明显主要是得益于以下两个方面：1. 休闲产品提质扩容。山东省为刺激后疫情时代旅游消费，带动休闲产业发展，大力发展乡村游、康养游、研学游，不断提升智慧文旅水平，做强"好客山东"品牌，打造出多处著名文化旅游目的地，成为拉动休闲经济发展的"新引擎"。①携程数据显示，山东旅游订单量同比上涨31%，整体旅游人次呈现双位数增长。2. 外资活力增强。报告期内，山东、内蒙古、吉林三个省份的外资活力上升明显，如山东省日照市的外资活力指数由15.96上升至16.80，吉林省松原市的外资活力指数由2.97上升至3.61，内蒙古自治区呼伦贝尔市的外资活力指数由8.82上升至14.29。

新疆和湖北休闲经济与产业指数排名下降的主要原因主要体现在以下两个方面：1. 第三产业占比下降。新疆乌鲁木齐市和克拉玛依市第三产业占比均出现小幅度下降，与去年同期相比，分别下降0.62个百分点和0.6个百分点。2. 人均旅游总收入下降。受新冠肺炎疫情影响，过去一年新疆和湖北人均旅游总收入均出现大幅度下降，给休闲经济与产业带来巨大冲击，其中新疆乌鲁木齐市下降最为明显，由1511.5（元／人）下降到798.1（元／人），降幅达47.2%；湖北省人均旅游总收入下降12.4%。

### （二）前20名城市休闲经济与产业发展的对比分析

表5-8 前20名城市休闲经济与产业排名变化

| 城市 | 2020 | 2021 | 排名变化 | 城市 | 2020 | 2021 | 排名变化 |
|---|---|---|---|---|---|---|---|
| 上海 | 8 | 1 | 7 | 杭州 | 18 | 11 | 7 |
| 苏州 | 32 | 2 | 30 | 嘉兴 | 80 | 12 | 68 |
| 深圳 | 16 | 3 | 13 | 厦门 | 5 | 13 | -8 |
| 东莞 | 37 | 4 | 33 | 成都 | 4 | 14 | -10 |
| 北京 | 9 | 5 | 4 | 武汉 | 15 | 15 | 0 |
| 广州 | 12 | 6 | 6 | 天津 | 24 | 16 | 8 |
| 无锡 | 35 | 7 | 28 | 中山 | 51 | 17 | 34 |
| 珠海 | 2 | 8 | -6 | 常州 | 50 | 18 | 32 |
| 宁波 | 58 | 9 | 49 | 三亚 | 1 | 19 | -18 |
| 南京 | 29 | 10 | 19 | 青岛 | 55 | 20 | 35 |

---

① 山东：文旅跨界融合，激发消费需求. https://t.ynet.cn/baijia/32968801.html.

由表5-8可以看出，前20名城市休闲经济和产业的排名波动较大，波动范围在-18至68名之间。苏州市、深圳市、东莞市、无锡市、宁波市、南京市、嘉兴市、中山市、青岛市等城市排名上升明显。珠海市、厦门市、成都市、三亚市的城市休闲经济与产业指数的排名有所下降，分别下降6、8、10、18个名次。

2021年，苏州市、东莞市、宁波市休闲经济与产业的多个方面都有较大的提升。1.旅游产业回暖复苏。苏州市着力打造"姑苏八点半 文旅来相伴"夜间文化和旅游消费品牌，在此期间举办苏州文化和旅游消费季系列活动，从品牌提升、产品供给、文旅惠民、营销推广等多方面入手，充分发挥文化和旅游消费在后疫情时代的引流、提升作用，2021年上半年，苏州全市人均教育文化娱乐服务消费支出2224元，同比增长65.5%。① 宁波市不断创新景区经营业态，打造实景剧本杀、沉浸式体验等当下热门活动，吸引众多景区流量，让景区更加鲜活生动，2021年A级旅游景区经营总收入31.53亿元，恢复到疫情前同期水平的98.96%。2.外资活力增强。苏州市和宁波市外资活力呈现大幅度上升，外资活力的增强有效带动休闲经济与产业的发展。3.国内游客量恢复较快。宁波市旅游业有效应对严峻挑战，实现了稳步增长和有序恢复，2021年全市累计接待游客5155.94万人次，同比增长8.04%，恢复到疫情前96.59%的水平。2021年江苏接待境内外游客7.07亿人次，恢复到2019年的80.3%，其中，接待国内旅游人次恢复程度高出全国23.3个百分点。

三亚市、成都市、厦门市休闲经济与产业指数排名下降的原因主要体现在以下两个方面：1.国内外游客总量减少。受国际疫情影响，2021年三亚过夜入境游客仍然保持下滑趋势，2021年三亚接待过夜入境游客14.19万人次，较2020年减少了1.22万人次，同比减少7.92%。旅游业作为三亚市的支柱产业，对其休闲经济与产业发展具有重要意义，受新冠肺炎疫情的影响，相比其他城市，三亚市所受冲击更大，因此休闲经济与产业指数排名呈下降趋势。厦门市接待入境游客30.44万人次，同比下降68.38%，占接待总人数的0.34%。② 2.人均旅游总收入降低。厦门在2021年7月和9月经历两波疫情，特别是9月持续到10月，导

---

① 苏州："姑苏八点半"助力文旅消费提质升级.https://baijiahao.baidu.com/s?id=1720562966123320286&wfr=spider&for=pc.

② 厦门市文化和旅游局.http://wlj.xm.gov.cn/zfxxgk/fdzdgknr/tjxx/202201/t20220127_2623506.htm.

致厦门旅游错过了很重要的国庆黄金周，对旅游总收入造成较大影响。

**（三）提升建议**

城市休闲经济与产业指数排名主要受第三产业占比、人均旅游总收入、国内外游客总量等因素的影响。对于排名下降的省份和城市，可以在以下几个方面提升休闲经济与产业水平：1.企业转型升级，提高人均旅游总收入。受新冠肺炎疫情影响，多数城市人均旅游总收入大幅下降，同时人们的消费需求也在逐渐变化，传统的休闲方式难以满足当下人们的需求。因此，企业亟须转型升级，对产品提质扩容，开发并设计与时俱进的休闲度假旅游项目，从而提升人均旅游总收入和国内外游客总量。2.多措并举激发旅游消费活力。为有力推动后疫情时代旅游市场稳步复苏，各地区可通过发放消费券、举办主题活动、免门票等措施，释放旅游消费活力，推动地区旅游产业繁荣发展，从而提高城市休闲经济与产业水平。

## 五、休闲生活与消费指数对比分析

**（一）31个省级行政区休闲生活与消费发展对比分析**

表5-9　31个省级行政区休闲生活与消费指数排名变化

|  | 2020 | 2021 | 排名变化 |  | 2020 | 2021 | 排名变化 |
|---|---|---|---|---|---|---|---|
| 北京 | 1 | 1 | 0 | 江西 | 25 | 17 | 8 |
| 上海 | 2 | 2 | 0 | 云南 | 19 | 18 | 1 |
| 浙江 | 3 | 3 | 0 | 山西 | 20 | 19 | 1 |
| 江苏 | 4 | 4 | 0 | 广东 | 13 | 20 | -7 |
| 福建 | 9 | 5 | 4 | 陕西 | 23 | 21 | 2 |
| 新疆 | 5 | 6 | -1 | 青海 | 17 | 22 | -5 |
| 天津 | 6 | 7 | -1 | 四川 | 28 | 23 | 5 |
| 山东 | 8 | 8 | 0 | 辽宁 | 16 | 24 | -8 |
| 重庆 | 11 | 9 | 2 | 甘肃 | 29 | 25 | 4 |
| 西藏 | 21 | 10 | 11 | 宁夏 | 27 | 26 | 1 |
| 湖南 | 14 | 11 | 3 | 海南 | 7 | 27 | -20 |

续表

|  | 2020 | 2021 | 排名变化 |  | 2020 | 2021 | 排名变化 |
|---|---|---|---|---|---|---|---|
| 安徽 | 24 | 12 | 12 | 吉林 | 18 | 28 | -10 |
| 内蒙古 | 10 | 13 | -3 | 贵州 | 31 | 29 | 2 |
| 河北 | 12 | 14 | -2 | 广西 | 30 | 30 | 0 |
| 湖北 | 15 | 15 | 0 | 黑龙江 | 26 | 31 | -5 |
| 河南 | 22 | 16 | 6 |  |  |  |  |

2021年大陆地区31个省级行政区休闲生活与消费指数排名变化如表5-9所示，31个省份城市休闲生活与消费指数的排名波动较小，波动范围在-20至12名之间。其中波动范围最大的省份是海南省，相比于2020年下降了20个名次；其次是吉林，下降了10名。北京、上海、浙江、江苏、山东、广西排名未发生变化，北京、上海、浙江连续两年位居榜单前三名。江苏、福建、新疆、天津、山东在2020和2021年皆排在前十名以内。

安徽省和西藏自治区休闲生活与消费指数排名上升的原因主要体现在以下两个方面：1.社会消费品零售额增加。如安徽省芜湖市社会消费品零售额与去年同期相比上涨15.6%，合肥市、铜陵市、安庆市等城市也出现小幅度上升。2.居民可支配收入和消费水平的增加。拉萨市城镇常住居民人均可支配收入同比增长6230元，增长幅度高达16.7%。安徽省全省城镇常住居民人均可支配收入同比增长5.1%，其中阜阳市、宿州市城镇常住居民人均可支配收入分别上涨1718元、1730元，同比增长5.2%、5.3%，增长势头强劲。

海南省和吉林省休闲生活与消费指数排名下降的原因主要有以下几个方面：1.城市居民人均地区生产总值减少。海南省海口市、三亚市的城市居民人均地区生产总值比上年分别减少8909元、18449元，同比减少12.3%、21.1%。2.社会消费品零售总额减少。吉林省全省城镇消费品零售额同比下降9.3%，有多个城市出现两位数的降幅，如吉林市城镇消费品零售额下降13.9%，辽源市下降20.6%。

## （二）前 20 名城市休闲生活与消费发展的对比分析

表 5-10 前 20 名城市休闲生活与消费排名变化

| 城市 | 2020 | 2021 | 排名变化 | 城市 | 2020 | 2021 | 排名变化 |
|---|---|---|---|---|---|---|---|
| 北京 | 3 | 1 | 2 | 湖州 | 15 | 11 | 4 |
| 南京 | 1 | 2 | -1 | 绍兴 | 20 | 12 | 8 |
| 上海 | 6 | 3 | 3 | 长沙 | 11 | 13 | -2 |
| 苏州 | 2 | 4 | -2 | 青岛 | 16 | 14 | 2 |
| 杭州 | 5 | 5 | 0 | 广州 | 12 | 15 | -3 |
| 宁波 | 9 | 6 | 3 | 济南 | 22 | 16 | 6 |
| 福州 | 24 | 7 | 17 | 镇江 | 18 | 17 | 1 |
| 常州 | 10 | 8 | 2 | 舟山 | 21 | 18 | 3 |
| 无锡 | 4 | 9 | -5 | 合肥 | 41 | 19 | 22 |
| 深圳 | 7 | 10 | -3 | 泉州 | 48 | 20 | 28 |

2021 年前 20 名城市休闲生活与消费指数排名变化如表 5-10 所示，前 20 名城市休闲生活与消费指数排名波动较小，波动范围在 -5 至 28 之间。福州、合肥、泉州等城市排名上升明显，分别上升 17、22、28 个名次；北京上升 2 个名次，位列榜单第一名。南京、苏州、无锡等城市出现小幅度下降，南京由第一名下降为第二名。

福州、合肥、泉州等城市休闲生活与消费指数排名上升的原因主要体现在以下两个方面：1.社会消费品零售额增加。福州市和合肥市消费品市场新业态不断涌现，市场规模再创新高，不断推动休闲生活与消费的发展。福州市城镇社会消费品零售额比上年增长 74.03 亿元，同比增长 2.2%；合肥市城镇社会消费品零售额同比增长 3.0%。2.人均可支配收入增加。合肥、福州、泉州城镇居民人均可支配收入明显增加，与去年同期相比分别增长 6.3%、2.9%、2.8%，推动休闲生活与消费不断发展。

### （三）提升建议

城市休闲生活与消费指数排名主要受社会消费品零售额、人均可支配收入、城市居民人均地区生产总值等因素的影响。对于排名下降的省份和城市，可以在以下两个方面提升休闲生活与消费水平：1.重点培育高质量休闲服务企业。如扶持高质量住宿餐饮企业，形成新的增长点；大力发展旅游业，带动旅游消费增长。旅游业在直接刺激休闲娱乐消费的同时，也带动了住宿、餐饮业等相关领域的快速增长，对消费有着巨大推动作用，以此促进休闲生活与消费的持续快速发展。2. 加快数字化改造，推进线上线下协同发展。受疫情影响，线下消费场景遭到较大冲击，也影响到社会消费品零售总额的增长。通过构建数字化消费场所，打造便民服务链，不断激发智慧零售新活力，满足人们的消费需求。

# 第六章 康养休闲典型案例分析

随着社会经济的发展和人民生活水平的提高,特别是在疫情防控常态化背景下,人民群众对健康的渴望越来越强烈。伴随着国家对大健康产业发展的大力推动,人们对于"看病"和"健康"的认知观念也在逐渐改变,康复治疗和康养服务的社会接受度逐渐提升。基于此,康养休闲产业渐成气候,较为典型的有森林康养、温泉康养、气候康养、运动康养、食疗康养、海洋康养等。本章节分别选取湖北十堰、南京汤山、海南保亭三地作为森林康养、温泉康养、气候康养的典型案例地,介绍其案例背景,分析其建设方案,总结其特色亮点,以期归纳出具有普适性的规律和经验,为康养休闲产业的建设添砖加瓦。

## 一、森林康养——湖北十堰[①]

### (一)案例背景

十堰,别称车城,湖北省辖地级市,被誉为中国卡车之都,武当山、汉江水、汽车城是十堰的三张世界级名片。十堰地处中国华中地区、湖北西北部、汉江中上游地区、秦巴山区汉水谷地,北抵秦岭,南依巴山和汉江,武当山横贯全境,是鄂、豫、陕、渝交界区域性中心城市,鄂西生态文化旅游圈核心城市,秦巴山区三大中心城市之一,全市总面积23 680平方千米。十堰独特的地理位置使其自古有"南跨荆襄,北枕商洛,东抚南阳,西掖汉中"之誉和"南船北马、川陕咽喉、四省通衢"之称。十堰是南水北调中线工程调水源头丹江口水库所在地和核心水源区,被誉为北方的"大水井",还是世界文化遗产著名道教圣地武当山、东风商用车有限公司总部所在地。十堰是"中国第一、世界前三"的商用

---

① 十堰广电网:十堰森林康养旅游成绩斐然. http://syiptv.com/article/show/167669.

车生产基地，拥有千亿级的制造业存量资产和年产100万辆汽车生产能力。十堰因车而建，因车而兴，是东风汽车的"延安"、现代制造业高地、近代民族工业的摇篮，先后荣获全国文明城市、国家卫生城市、中国宜居城市、国家园林城市、国家森林城市等荣誉称号。截至2021年，十堰实现地区生产总值2163.98亿元，同比增长11.5%，年末全市常住人口315.82万。①

十堰市拥有丰富的林业资源。截至2020年底，十堰林地保有量达2904万亩，森林面积2603万亩，森林覆盖率达73.29%，森林蓄积量达10130万立方米。其中，国有林场共有32个，面积超过270万亩。全市林地面积、森林面积、国有林场个数均居湖北省第一，空气负离子含量高，具有发展森林康养产业得天独厚的地理、人文优势。②内涵丰富的养生文化，是森林康养产业长远发展的动能所在。十堰立体气候特征明显，中药材资源丰富，素有"华中天然药库"之称。同时，道教圣地武当山，有着深厚的道家养生基础，在健康养生领域极具吸引力和影响力，森林资源和康养之道为十堰市所兼有，为发展森林康养旅游产业奠定了坚实基础。③

经过多年的建设，湖北十堰的森林康养产业已经初具规模，森林康养已被纳入十堰市"十四五"文旅产业发展的重点进行谋划布局。竹山县圣水湖康养基地、房县花田酒溪森林康养基地、竹山县九华山林场森林康养基地进入全国森林康养基地试点建设名单；竹山县九女峰国家森林公园、房县云盘岭、武当山旅游风景区、竹溪县龙王垭茶厂等10家单位被授予首批森林康养示范单位称号。放眼未来，湖北十堰计划到2025年建设市级以上森林康养示范县6个、示范镇30个、示范村100个、示范基地40个，森林康养旅游总产值占全市旅游综合收入30%左右，不断提升森林康养在林业发展中的比重，拓宽"两山"转化路径，④森林康养产业正迸发出勃勃生机，前景可期。

**（二）建设方案**

**1. 扶持发展森林康养产业**

2019年3月6日，国家林业和草原局、民政部、国家卫生健康委员会、国

---

① 百度百科：十堰 . https://baike.baidu.com/item/%E5%8D%81%E5%A0%B0/209612?fr=aladdin.
② 湖北日报：省政协调研十堰市森林康养产业发展 .http://news.hubeidaily.net/pc/736179.html.
③ 湖北省林业局：湖北十堰：生态人文资源富集 厚植森林康养产业沃土.https://lyj.hubei.gov.cn/bmdt/ywzl/ggycy/202103/t20210319_3409938.shtml.
④ 湖北日报：省政协调研十堰市森林康养产业发展 .http://news.hubeidaily.net/pc/736179.html.

家中医药管理局联合印发《关于促进森林康养产业发展的意见》(以下简称《意见》)。《意见》指出,森林康养是以森林生态环境为基础,以促进大众健康为目的,利用森林生态资源、景观资源、食药资源和文化资源并与医学、养生学有机融合,开展保健养生、康复疗养、健康养老的服务活动。发展森林康养产业是科学合理利用林草资源、践行绿水青山就是金山银山理念的有效途径,是实施健康中国战略、乡村振兴战略的重要措施,是林业供给侧结构性改革的必然要求,是满足人民美好生活需要的战略选择,意义十分重大。[①]

十堰市以项目建设为核心,为森林康养产业的高质量发展构建支撑。通过实行项目清单化管理机制,制定了森林康养旅游招商手册、招商地图、资源分布图,策划了重点招商项目30个,总投资近1000亿元。现已签约项目6个,签约资金102亿元。其中,湖北康程投资50亿元建设柳树垭度假项目,湖北中青旅投资10亿元建设花田酒溪康养和山泉溪舍项目,湖南中惠旅投资5亿元建设沧浪山森林康养项目,美格集团投资30亿元建设丹江口文旅康养项目等。截至2022年1月,十堰市森林康养旅游项目累计完成投资近10亿元,龙王垭、五龙河、龙潭河、大明峰、太极峡、太和梅花谷、龟龙山庄等13个森林康养基地建成营运。九华山森林康养基地、山泉溪舍森林康养基地、富泉山度假区、沧浪山森林康养基地等10家森林康养基地启动建设。现有龙王垭、太极峡、大明峰等森林康养酒店,师傅的山、元和观等高端民宿,花果山、五龙河等森林木屋多种业态的康养住宿设施100多栋,床位数超过2000张,产品涵盖森林漫步、森林深呼吸、原生态森林食品等。开发了徒步、滑雪、野营、摄影、垂钓、道医、道茶、太极、写生等一批康养项目,形成具有十堰特色的森林康养旅游产业发展梯级体系,实现森林康养旅游产业全域覆盖。

十堰市通过发展森林康养产业带动并促进了以核桃、茶叶、中药材、猕猴桃、橄榄油等为代表的山区特色产业,开发了一系列森林康养食品、饮料等特色产品,改善了当地的交通、通信和居住环境,吸引了北京、陕西、上海、广州等外地游客来基地度假康养。更重要的是,这一系列举动形成回引效应,不少十堰籍在外成功人士回乡开展森林康养产业创业,带动全市10余万人参与森林康养

---

① 国家林业和草原局政府网:解读:《关于促进森林康养产业发展的意见》(解读|全文). http://www.forestry.gov.cn/main/3957/20190704/151445283849525.html.

产业，在促进当地居民实现就地就近就业的同时，为当地森林康养产业的发展注入了持久动力。

**2. 打造森林康养旅游线路**

为了推荐十堰丰富的优质康养旅游资源，丰富优质森林康养旅游产品供给，满足广大游客的出行需求，2021年5月18日，十堰市文化和旅游局发布了十堰市十大森林康养旅游线路。十大森林康养旅游线路涵盖了全市范围所有的县级行政区，类型多样，各具特色，为游客了解十堰森林文化、体验森林康养生活提供了有力支撑。十大线路分列如下[①]：

（1）线路一：武当大明峰森林康养旅游基地—武当南神道森林康养旅游区—太极峡景区森林康养旅游区

特色：线路主体位于丹江口市。游客可以在青山绿水间的武当大明峰感受柱头岩的独特风貌；在武当南神道，听满园的溪水声，看山包容着水、水映衬着山，山水交融；还可在太极峡看瀑布倾泻而下的超级天然氧吧，呼吸绝美空气。来到这里将身心交付于大自然，尽情享受山水交融的惬意。

（2）线路二：龙潭河景区森林康养旅游区—涧池"淘宝小镇"电商旅游扶贫示范区—天河景区森林康养旅游区—龟龙岛森林康养旅游基地—五龙河景区森林康养旅游基地

特色：线路主体位于郧西县。龙潭河风景区是一个绿色的世界，重峦叠嶂，引人入胜。在涧池乡，可感受田园乡村的美丽。沿着天河景区游步道一路骑行，清风拂面，或到龟龙岛和五龙河的青山绿水中，尽情享受山谷之幽、河水之清、群山之美。

（3）线路三：太和梅花谷森林康养旅游基地—圣水湖森林康养旅游度假区—九女峰森林康养旅游基地—武陵峡桃花源森林康养旅游区

特色：线路主体位于竹山县。太和梅花谷景区内花木葱茏，绿意盎然，一条清澈的小溪顺着峡谷潺潺而下。而圣水湖却是一番湖光山色，碧水连天。从圣水湖一路行驶前往九女峰森林公园和武陵峡桃花源，伴着九女峰和武陵峡桃花源的清风掠过的山头，望着云卷云舒，任由思绪恣意飞翔，仿佛进入世外桃源。

---

① 十堰晚报：来十堰"森"呼吸！十大森林康养旅游线路等你打卡.https://baijiahao.baidu.com/s?id=1700149656141126307&wfr=spider&for=pc.

（4）线路四：竹溪县夯土小镇森林康养旅游区—楠木寨森林康养旅游区—汇湾镇康养旅游区

特色：线路主体位于竹溪县。竹溪县是有名的康养胜地，在夯土小镇的山水间，苍翠峰峦连绵相拥，回眸处，楠木寨溪水长流，仰望通透的天空，沁人心脾。在汇湾镇，一步一景，干净整洁的环境，别具特色。

（5）线路五：偏头山、龙王垭、国际漆艺村森林康养旅游基地—山泉溪舍（石板河旅游区）国际森林康养旅游区—营盘山森林康养旅游区—十八里长峡自然保护区森林康养基地

特色：线路主体位于竹溪县。竹溪县绝大部分土地都被森林覆盖，在这里看到最多的颜色就是森林绿。在绿意的覆盖下，夏天的炎热不见踪影，只感受到凉风拂面的惬意。偏头山、石板河、营盘山、十八里长峡，都是大自然最慷慨的馈赠。青山绿水、溪流阡陌之间常见的廊桥，在漫长的岁月中留下了斑驳的印记，独特的地貌，仍保持着和谐统一。

（6）线路六：花田酒溪森林康养旅游基地—天悦温泉森林康养旅游区—观音洞森林康养旅游区—野人洞（谷）森林康养旅游区—云盘岭森林康养旅游基地

特色：线路主体位于房县。山林馥郁芳香，沉淀浮躁情绪。来到房县的花田酒溪和观音洞，屹立在郁郁苍苍的森林中，望可见星辰，低可闻虫鸣。到天悦温泉享受一次舒心的温泉浴，在野人谷感受令人惊叹的天然景致，最后不忘在云盘岭的森林中，感受夜晚星光透过树梢洒入眼帘，身边尽是飞舞的萤火虫。

（7）线路七：沧浪山避暑休闲度假森林康养旅游基地—九龙瀑森林避暑基地—虎啸滩森林康养旅游区

特色：线路主体位于郧阳区。观云海，赏日出，探洞穴，悟人生，来到郧阳区，在沧浪山戏水、赏石、听泉，到九龙瀑乘坐小火车，一路走来，心旷神怡，美不胜收。当然，你还可以在虎啸滩看瀑布，感受"人在峡中走，如在画中游"的惬意。

（8）线路八：东沟森林康养旅游基地—紫薇岛康养度假区—湖北赛武当国家级自然保护区

特色：线路主体位于茅箭区。茅箭区是康养度假的理想之地，不仅可以春赏花、夏避暑，还可以秋观叶、冬玩雪。从东沟到紫薇岛，这里群山环绕、鸟语花

香、绿树成荫。还可以到赛武当,远离喧嚣的城市,拥抱自然,是康养身心的最佳居所。

(9)线路九:牛头山寿松苑森林康养中心—花果山生态木屋森林康养旅游基地—西沟乡红岩寨民宿康养中心—柏林镇白马山森林康养旅游区—锦绣园生态康养区

特色:线路主体位于张湾区。在张湾区静享骑行乐趣,在张湾区境内不仅有牛头山、花果山,可以观生态石林,赏石树共生,享森林氧吧,还可前往白马山,爬山、赏花、吸氧、溯溪……游客还可以在西沟乡和锦绣园感受妙趣横生的康养度假方式,让美好生活既能养生,更能养心。

(10)线路十:武当山国家5A级景区—八仙观养生谷森林康养旅游区—五龙宫鲁家寨森林康养基地

特色:线路主体位于武当山特区。峰峦幽壑隐庙宇,林荫环绕画屏中。远离城市浮华,将自然风光与红墙黛瓦完美融合,来到武当山特区,登顶武当山,打卡八仙观和五龙宫,游客可以感受到道教圣地的独特魅力和养身之道。

3.推动建设森林康养基地

在国家4部委发布的《关于促进森林康养产业发展的意见》(以下简称《意见》)中,"建设森林康养基地"被列为6大主要任务之一。《意见》明确指出,要"依据林业、健康、卫生、养老等法律法规和政策规定,建立健全森林康养基地建设标准,推进森林康养基地建设。基地建设要选址科学安全、功能分区合理、建设内容完整、特色优势突出。按照'环境优良、服务优质、管理完善、特色鲜明、效益明显'的要求,创建一批国家级和省级森林康养基地,发挥示范引领作用。建立森林康养基地质量评价和动态管理制度"。并提出了"到2035年,建设国家森林康养基地1200处"的目标,为全国森林康养基地的建设勾画了宏伟蓝图。截至2019年3月,全国已有27个省区市先后开展了森林康养基地建设,有效促进了当地产业发展,推动了乡村振兴和精准扶贫。[①]十堰市作为国家级全域森林康养试点建设市,积极发挥模范带头作用,持续推进森林康养基地建设相关工作,取得了耀眼成绩。2022年1月,全市范围共有3家单位入选中国

---

① 国家林业和草原局政府网:解读《关于促进森林康养产业发展的意见》(解读|全文).http://www.forestry.gov.cn/main/3957/20190704/151415283849525.html.

林业产业联合会评定的2021年国家级森林康养试点建设基地名单,这3家单位为武当山旅游经济特区武当山·鲁家寨森林康养基地、郧阳区鑫榄源森林康养基地、茅箭区东沟景区森林康养基地。据悉,全国范围一共评定了123家国家级森林康养试点建设基地,其中湖北省占据14席,占比11.38%;而在湖北省入选的14家中,十堰市占据3席,占比21.43%,远高于平均水平,足见十堰市在森林康养基地建设上的成绩之显著。

## (三)特色亮点

### 1.将生态优势变为发展优势

十堰市拥有林地总面积193.61万公顷,森林总面积173.57万公顷,均居全省第一;全市森林覆盖率73.29%,位居全省第二,高出湖北省森林覆盖率31.45个百分点,高出全国森林覆盖率50.25个百分点。有32个国有林场、12个省级以上自然保护区、5个风景名胜区、6个湿地公园、14个森林公园、10个地质公园、58个依托森林资源建设的A级旅游景区、71个森林资源富集的乡镇、413个森林资源富集的村。风景宜人的森林环境是森林康养产业赖以发展的基础。近年来,十堰市深入贯彻落实习近平生态文明思想,践行"绿水青山就是金山银山"的绿色发展理念,努力将生态优势转化为发展优势,对全市林木资源进行科学有序的开发。立足生态资源优势,紧扣绿色、低碳、循环发展主题,全力构建大生态产业,为十堰构建"一主三大五新"现代产业体系提供支撑,促进了三产融合发展,实现了生态效益与经济效益的双丰收。

### 2.将品牌塑造作为重要抓手

品牌承载了消费者对品牌商的产品以及服务的认可,是一种品牌商与消费者购买行为间相互磨合衍生出的产物,品牌的塑造对产品的营销推广意义非凡。十堰市高度重视森林康养产业的品牌建设,多次组织市内森林康养旅游基地参加国家、省级森林康养培训、论坛和推介,国家森林康养协会也多次在全国媒体推介十堰森林康养工作。

与此同时,十堰市充分发挥媒体的宣传作用,编制了系列森林康养旅游画册、资源展示片,邀请湖北日报、湖北电视台、湖北经视频道、十堰日报、十堰电视台等媒体进行重点报道,提升知名度。除了口碑形象的塑造推广,森林康养品牌的建设也体现在实体产品的生产上,武当山茶授权了98家企业,武当山珍授权了37家企业，采取统一品牌、统一包装、统一工艺、统一产品、统一标准，共同推动区域公用品牌的打造。

十堰市通过采取上述系列措施，打出一整套品牌塑造的组合拳，助推十堰进入全国康养百强城市榜单，并取得成为全国3家全域森林康养试点市之一的佳绩，森林康养的品牌影响力已初步形成。未来，十堰市将继续把品牌塑造作为工作的重要抓手，争取早日实现建成鄂西北森林康养旅游核心基地和全国森林康养旅游示范城市的目标。

3. 将政策红利化为发展机遇

随着生态文明建设成为国家战略，森林康养产业迎来重大发展机遇，政策红利不断释放。自2019年3月国家4部委联合发布《关于促进森林康养产业发展的意见》后，国家层面又先后在税收优惠、土地利用、财政金融等方面给予政策支持，森林康养政策支持体系不断完善。十堰市积极把握政策红利，在2020年12月的十堰市委五届十次全会中明确提出要打造东方国际休闲养生旅游目的地和文旅康养休闲胜地，为大力发展森林康养旅游产业提供了基本遵循、创造了难得机遇。此后，十堰市文旅局成立森林康养旅游产业办公室，联合市林业局制定了《十堰市2021年森林康养旅游发展工作计划》《十堰市森林康养三年行动方案》《十堰市森林康养旅游评定标准》，起草了《十堰市森林康养旅游产业发展实施意见》，编制了森林康养旅游资源分布图和重点招商项目分布图，建立了招商项目库，实行挂图作战。聘请湖北大学规划团队编制了《十堰市森林康养旅游发展总体规划》，与林业部门联合探索国有林场改革与旅游景区、康养核心景区收益分成长效增收机制等，为十堰市森林康养旅游发展提供了支撑和保障。

## 二、温泉康养——南京汤山

### （一）案例背景

南京，简称"宁"，古称金陵、建康，是江苏省省会、副省级市、特大城市、南京都市圈核心城市、国务院批复确定的中国东部地区重要的中心城市、全国重要的科研教育基地和综合交通枢纽。截至2020年，全市下辖11个区，总面积6587.02平方千米，建成区面积868.28平方千米。截至2021年，常住人口 942.34 万人，城镇人口 818.89 万人，城镇化率 86.9%。2021 年，全市地区生产总值 16 355.32 亿元。南京是首批国家历史文化名城、中华文明的重要发祥地，长期是中国南方的政治、经济、文化中心，历史上曾数次庇佑华夏之正朔。南京是国家重要的科教中心，自古以来就是一座崇文重教的城市，有"天下文枢""东南第一学"之称，明清中国一半以上的状元均出自南京江南贡院。截至 2020 年，南京有各类高等院校 68 所，其中双一流高校 13 所、两院院士 81 人，均仅次于北京、上海。南京是我国著名的旅游城市，拥有丰富的旅游资源，坐拥 1 处世界文化遗产（明孝陵）、1 处国家级旅游度假区（南京汤山温泉旅游度假区）、2 处国家 5A 级旅游景区（钟山风景名胜区—中山陵园风景区、夫子庙—秦淮风光带景区）以及 24 处 4A 级旅游景区。近年来，先后获得国家生态园林城市、世界文学之都、国家森林城市、世界温泉名城等荣誉称号。2020 年 8 月，联合国人居署发布亚洲城市百强名单，南京位列亚洲第十一、中国大陆第五。[①]

大多数温泉本身便具有保健和疗养功能（见表 6-1），因此成为传统康养旅游中最重要的资源。南京汤山温泉已有 1500 多年的历史，千年前，汤山温泉就曾于南朝萧梁时期被封为皇家的御用温泉，自南朝以来，历代达官显宦、文人雅士来此游览沐浴，南北朝萧梁时期被皇帝封为"圣泉"。南京汤山温泉旅游度假区位于南京市江宁区汤山街道，规划面积 29.74 平方千米，是集碑、泉、洞、湖、寺为一体，融人文景观与自然风光为一体的国家级旅游度假区，也是世界著名的温泉疗养区，居中国四大温泉疗养区之首，是中国唯一获得欧洲、日本温泉水质国际双认证的温泉，有"千年圣汤，养生天堂"之美誉。近年来，汤山温泉旅游度假区先后荣获"中国温泉开发利用示范区""中国十大休闲温泉基地""中国温泉之乡""2010 年度中国最佳温泉""2011 年度中国十大休闲胜地""江苏省旅游度假区""国家体育旅游示范基地"等称号。[②]疫情前，南京汤山温泉旅游度假区在 2019 年共接待游客 470 万人次，旅游收入达 29 亿元。

---

① 百度百科：南京 .https://baike.baidu.com/item/%E5%8D%97%E4%BA%AC/23952?fr=Aladdin.
② 百度百科：南京汤山温泉旅游度假区 .https://baike.baidu.com/item/%E5%8D%97%E4%BA%AC%E6%B1%A4%E5%B1%B1%E6%B8%A9%E6%B3%89%E6%97%85%E6%B8%B8%E5%BA%A6%E5%81%87%E5%8C%BA/19306396?fr=aladdin.

表 6-1 温泉分类及其医疗效果

| 分类 | 特性 | 适用病症 | |
|---|---|---|---|
| | | 浴用 | 饮用 |
| 单纯泉 | 碱性单纯泉 pH8.5 以上,刺激性小 | 自律神经不稳定、失眠、忧郁 | |
| 盐化物泉 | 因为皮肤附着了盐分,有保温、循环效果 | 伤口、末梢循环障碍、怕冷、抑郁、皮肤干燥 | 萎缩性胃炎、便秘 |
| 碳酸氢盐泉 | 软化皮肤角质 | 伤口、末梢循环障碍、怕冷、皮肤干燥 | 胃十二指肠溃疡、逆流性食道炎、糖尿病、尿酸高(痛风) |
| 二氧化碳泉 | 饮用可收缩胆囊、增进肠道蠕动 | 伤口、末梢循环障碍、怕冷、自律神经不稳定 | 胃肠机能低下 |
| 含铁泉 | 肌肤吸收碳酸气体,有保湿、循环效果 | | 缺铁性贫血 |
| 酸性泉 | 入浴酸性强的温泉可使皮肤滋润,口感微酸,杀菌力强 | 特异性皮炎、寻常性干癣、表皮化脓、糖尿病 | |
| 含硒泉 | 有软化血管的特性,防止动脉粥样硬化,保持肌体活性 | 抑制肿瘤、调节免疫力、辅助降血脂等 | 预防心脑血管疾病,防治老年慢性疾病等,延缓衰老 |
| 含碘泉 | 多为非火山性温泉,放置后变黄 | | 高胆固醇 |
| 硫磺泉 | 杀菌力强,消除表皮细菌及特异性物质 | 特异性皮炎、寻常性干癣、慢性湿疹、表皮化脓 | 糖尿病、高胆固醇 |
| 放射能泉 | 温泉含微量放射能,对炎症有效果 | 尿酸高(痛风)、关节风湿、强直性脊椎炎等 | |

## (二)建设方案

### 1.建设温泉康养特色小镇

温泉小镇发展并成熟于欧洲及日本,是温泉产业发展历程中形成的最具发展活力和生命力的空间载体,是近一两百年来国际温泉产业发展中最常见也是最成功的一种产业集群和空间集约发展模式。南京汤山温泉康养小镇由江苏省重点国企苏豪控股、中国金茂、汤山建投联合开发建设,是集旅游度假、健康休闲、城市宜居于一体的健康产业综合开发项目。项目在 2016、2017、2018 年连续 3 年被纳入江苏省重大项目,2018 年荣获省发改委批复创建的第二批省级特色小镇,

2020年入选江苏省级特色小镇创建名单，是江苏首个康养特色小镇。

小镇以"康养"为核心，占地规模约2017亩，总建筑面积约73万平方米。依托汤山优越的自然环境和资源优势，深度挖掘温泉资源的康疗养生价值，积极对标国际一流温泉小镇，打造医疗康复集群、颐乐文博集群、旅游度假集群、老年贸易集群、生态休闲集群、CCRC生命公寓六大功能区。基于现代人对于健康、快乐、无忧生活的向往与追求，聚焦"生活、健康、快乐"三大服务模块，融医养服务、生活服务、文娱服务、特色服务于一体，积极打造并不断升级"乐活+"服务体系。不断推出主题鲜明的高品质康养活动，丰富了小镇休闲旅游的功能业态，擘画了融于自然的美好康养生活蓝图，吸引了大量来自全国各地特别是长三角地区的游客。[1]

近年来，特色小镇成为文旅产业发展的新蓝海，全国各地涌现出一批精品特色小镇，促进了当地的经济转型升级和新型城镇化建设。温泉小镇是特色小镇中非常具有代表性的一种形态，具有可观的发展前景。南京汤山温泉康养小镇的开发建设不仅推动了当地休闲康养产业的发展，更助推了南京汤山温泉旅游度假区的持续升级，已经成为这一国家级旅游度假区不可或缺的重要组成部分。

**2. 构建温泉康养产业链条**

围绕温泉这一核心，汤山温泉旅游度假区在延长产业链上做足功夫，积极发展旅游度假、健康养老、体育运动、休闲购物、文化演艺、会议会展等业态，重点打造"吃住行游购娱"全链条服务体系，为游客带来更加丰富的旅游体验，形成了强大的休闲旅游度假产业集群。"十三五"期间，度假区相继打造了汤山矿坑公园、金乌温泉公园、欢乐水世界、百联奥特莱斯购物广场、温泉房车露营基地等一批高人气旅游新地标，连接国家地质公园博物馆、阳山碑材、汤山七坊美丽乡村等以及数十家温泉酒店。同时引入苏豪健康养老产业园、涵田温泉颐养中心等重点文旅项目，形成了"春赏花、夏戏水、秋健身、冬泡汤"的四季康养休闲完整业态。[2] 通过举办矿坑粉黛花海节、汤山矿坑公园露营嘉年华、"汤山温泉

---

[1] 南京汤山温泉康养小镇的产业布局及开发模式.https://baijiahao.baidu.com/s?id=1714220474184764153&wfr=spider&for=pc.

[2] 潇湘晨报：再登榜首！南京汤山温泉旅游度假区实力"三连冠".https://baijiahao.baidu.com/s?id=1716861344426541867&wfr=spider&for=pc.

杯"围棋联赛、"汤山温泉杯"第二届健身瑜伽城市邀请赛等精彩纷呈的主题节事活动，着力构建"温泉+文旅+体育"等多业态深度融合发展的格局。[1] 温泉康养产业链条得以不断延展，温泉康养文化内涵不断丰富，度假区的可驻足性、可消费性和可回头性显著提升。

3. 打造差异化康养产品族

温泉康养是一个开放的、包容的体系，所有的一切，都指向最终的目的——让我们的身体、精神、社会关系三个方面都处于良好的状态。时至今日，随着时代的发展和市场的需求，人们追求健康的需求明显增加，温泉旅游功效成为行业的研究重点。近几年，行业根据温泉养生功效分为三个层级：①第一个层级——温泉休养。即集合以温泉为核心的休闲旅游相关产业，提供综合性旅游度假服务，达到放松身心、休闲娱乐的目的，目前国内90%以上的温泉项目属于此种。②第二个层级——温泉保养。即以温泉为介质，综合东西方各种养生方法的保健养生体系，取得维护健康、保持青春、美容美体的功效，将SPA、植物精油、针灸、药熏、饮食等与泡汤进行结合，对游客进行调理呵护。③第三个层级——温泉疗养。是温泉核心功能，充分利用温泉矿物元素的医疗功效，是以现代医学和水疗技术为基础的温泉治疗康复体系，主要有预防疾病、恢复健康、治疗疾病的功效。此类产品在欧洲发展得较好，人们泡温泉会先进行体检，根据游客身体状况，建议合适的温泉疗程。此外，值得一提的是，欧洲一些国家已经将泡温泉纳入到了医保范围。[2]

汤山温泉旅游度假区面向不同消费群体，依照温泉养生功效的三个层级，进行了差异化的产品设计。以住宿产品为例，度假区内既引进了悦榕庄、万豪傲途格、丽笙精选等多家豪华酒店，也有紫清湖生态酒店、南京绿地御豪温泉酒店、南京汤山一品温泉酒店等中端酒店。此外，在汤家家温泉村，还集中分布了诸如云鹿·南京汤山谷语温泉美宿、花筑·南京汤山左邻右舍温泉民宿、南京美泉沐浴文化主题民宿等大量网红民宿，为游客提供了多样化的选择。在疫情前，每逢秋冬，无论传统的温泉度假村、温泉度假酒店还是新近开发的温泉民宿，往往一房难求。

---

[1] 江宁新闻网：南京江宁：创新赋能"文旅汤山"开启智慧康养新模式.https://jiangning.longhoo.net/html/jnyw/2021/1102/18112.html.

[2] 宜春房地产网：一文讲透！温泉康养为什么有助身心健康.https://mp.weixin.qq.com/s/_Kwh1rQS9JoZLhceB-YTtw.

各度假村、酒店在精准定位客源市场的基础上，进一步细分目标客户群体，围绕"温泉康养"这一主题，打造了一系列丰富多彩的休闲产品。以汤山目前知名度最大的紫清湖温泉度假酒店为例，该酒店面向亲子、商务、老年等消费群体，打造了餐饮住宿、商务会议、休闲养生、科普教育等功能区，建设了野生动物世界、森林温泉、狮子星儿童乐园、会议中心、钓鱼台别墅等建筑设施，构造了多层次、差异化的康养产品体系，有效增强了其市场吸引力和竞争力。

### （三）特色亮点

#### 1. 完善的配套服务设施

南京汤山温泉旅游度假区作为首批国家级旅游度假区，除了密集分布的温泉酒店、温泉民宿，还拥有完善的配套服务设施。围绕以康养休闲、旅游度假为核心功能的重点功能区，布局了众多文娱场所、购物商场和旅游景区，丰富了市民游客的康养休闲生活。如区域内的百联奥特莱斯广场，是继上海青浦、杭州下沙、武汉盘龙、江苏无锡之后的百联第五家奥特莱斯，也是第一家2.0升级版奥特莱斯，是一个以销售国际、国内著名品牌折扣服饰为主，零售、餐饮、娱乐、休闲、旅游多位一体的大容量、多功能的品牌直销购物广场和时尚生活体验中心。2021年4月，第十一届江苏省园艺博览会在汤山盛大开幕，南京园博园作为博览会的会址同期对外开放。作为一个大型生态文旅综合体，园博园突破了汤山温泉旅游度假区以单一温泉资源为核心的休闲度假模式，优化了汤山康养休闲的生态环境，提升了游客康养生活品质，有效助力汤山打造长三角园林特色国际化康养旅居目的地。除此之外，度假区内还有金乌温泉公园、汤山矿坑公园、汤山方山国家地质公园博物馆、汤山古猿人洞、阳山碑材、汤山温泉房车营地、汤山欢乐水世界等高品质文旅休闲场所，共同构成度假区完备的服务设施体系。

#### 2. 便捷的内外交通条件

除了丰富的文娱配套设施，便捷完备的交通基础设施体系也是汤山的一大亮点。交通条件是决定区域发展水平的关键因素，汤山街道距南京主城约20公里，作为南京东大门，是南京都市圈重要交通节点。境内沪蓉高速公路、沪宁高速公路、汤铜公路、S122省道等高等级公路纵横交织，将汤山与整个长三角紧密枢连，区位优势明显。自2015年入选首批国家级旅游度假区以来，汤山地区的公共交通服务体系持续完善，先后实施沪蓉高速汤山互通收费站改扩建工程，促进了汤山地区的对外连接；完成南京地铁 S6 号线南京猿人洞站、汤山站、泉都大街站等站点的建设工程，密切了与主城区之间的联系；实施公共交通线网优化调整工程，完善了区域内部的交通网络。伴随着区域交通设施的不断丰富完善，汤山地区的交通通达度快速提高，旅游产业和经济社会发展也得到了显著提升。

3.专业的管理运营部门

旅游资源的禀赋决定了景区的先天基础，而后期的管理运营则直接影响景区的品质、吸引力和价值，众多的经典营销案例皆说明了景区运营管理的重要性。南京汤山温泉旅游度假区管理委员会高度重视园区的管理工作，于2007年9月7日联合南京市江宁区人民政府（授权江宁区人民政府国有资产监督管理办公室履行出资人职责）在南京市江宁区市场监督管理局登记成立了汤山温泉旅游度假区国资运作平台——南京汤山建设投资发展有限公司。在此之后，先后成立多个全资子公司，如南京汤山东部建设工程有限公司、南京青旅置业有限公司、江苏汤山国际旅行社有限公司、南京汤山温泉文化中心有限公司、南京汤山欢乐水世界旅游有限公司、南京汤山旅游发展有限公司、南京汤山景区运营管理有限公司……其中，成立于2019年11月7日的南京汤山景区运营管理有限公司，专门负责汤山度假区国资平台自建（所属）景区的运营及管理，涵盖南京汤山矿坑公园、南京汤山欢乐水世界、南京汤山方山国家地质公园博物馆、阳山碑材、南京古猿人洞等著名景区。各大运营部门集中精力谋全局、抓大事，引领推动度假区各方面工作有序推进，为度假区提质升级、创建世界著名温泉疗养区作出了突出贡献。

## 三、气候康养——海南保亭

### （一）案例背景

保亭黎族苗族自治县位于海南省中南部，地处全球黄金度假带——北纬18度，东接陵水县，南邻三亚市，西连乐东县，北依五指山市，是"大三亚"经济圈的重要组成部分。拥有益智、砂仁、沉香、降香等148种南药，大面积种植红毛丹、龙眼、荔枝、杧果等热带水果。境内旅游资源丰富，拥有5A级景区——海南呀诺达雨林文化旅游区和海南槟榔谷黎苗文化旅游区、4A级景区——七仙岭温泉国家森林公园,以及神玉岛、茶溪谷、布隆赛等旅游景区;有温度高达93℃、日出水量3800吨的自喷天然温泉——七仙岭温泉,有长达23公里的溶洞——毛感仙龙洞,有面积600亩的热带喀斯特地貌——仙安石林。2021年累计接待游客307.2万人次,实现旅游总收入17.32亿元,同比分别增长119.2%和50.6%。

保亭民族文化积淀深厚,"黎族钻木取火技艺""黎族树皮布制作技艺""黎族竹木器乐"被列入《国家级非物质文化遗产名录》,"黎族传统纺染织绣技艺"被列入联合国教科文组织《急需保护的非物质文化遗产名录》。

保亭先后荣获"国家卫生县城""国家园林县城""中国民间文化艺术之乡""海峡两岸交流基地""国家公共文化服务体系示范区""国家级电子商务进农村综合示范县""全国民族团结进步创建示范区(单位)""2018—2020年度海南省民间文化艺术之乡",首批"国家全域旅游示范区""国家水生态文明城市",海南省首个"气候康养市(县)""平安中国建设示范县""海南省森林城市"等十多项荣誉。一年一度的海南七仙温泉嬉水节,跻身中国十大著名节庆品牌,入选"中国最具人气民间节会"。[①]

保亭地处北纬18度——全球黄金度假带,属热带季风气候区,年平均气温20.7℃~24.5℃,冬无严寒,夏无酷暑,热量丰富,雨量充沛,气候温和。森林覆盖率高达84.89%,每立方厘米空气负氧离子在8000个以上,被誉为"海南绿肺""天然氧吧",是中国唯一同时能够享受热带雨林、碧海蓝天和天然温泉的地方,也是发展气候康养休闲产业的绝佳之地。气候康养指利用气候因子或经过改造的微小气候的物理、化学作用对疾病进行防治的方法,也是增强体质的良好措施。其主要作用是从有害的气候环境转移到有益的气候环境中,接受新的气候刺激,从而使机体功能向好的方向转化。[②] 随着社会生产力的发展和人们康养意识的提高,现代疗养医学越发重视不同气候在疗养中的作用。如今,气候康养已发展成集合各种健康、养老、养生、度假等相关产品和服务的综合性产业。

2021年11月,凭借宜人的气候条件、良好的生态环境、丰富的康养资源及

---

① 保亭黎族苗族自治县人民政府:保亭黎族苗族自治县简介.https://baoting.hainan.gov.cn/zjbt/btgk/202004/t20200421_2777748.html.

② 海南省人民政府:海南康养气候条件评估报告.https://www.hainan.gov.cn/hainan/5309/202011/c2af10f3bc0d43c1aec6eaa65395b3d9.shtml.

完善的配套设施，保亭县被海南省气象局、卫健委授予2021年度"海南气候康养市（县）"称号。2021年，保亭神玉岛文化旅游区被林业产业联合会认定为国家级森林康养试点建设基地；2022年2月，"气候康养示范基地"在神玉岛文化旅游区揭牌。① 2022年4月20日，《人民日报》第16版刊出题为"加快建设具有世界影响力的特色自由贸易港 海南保亭着力构建'大健康'旅游体系"的文章，对保亭的康养产业发展进行了整版报道，给予了高度认可。

## （二）建设方案

### 1. 落实上位规划

海南省高度重视健康产业的发展，产业起步稳、成长快，总体呈现良好的发展态势，产业规模持续扩大，特色不断凸显，集聚格局初步形成。各级政府出台了多部规划文件，为全省的健康产业发展描绘蓝图，系列规划皆提及了发展气候康养产业的目标。如中共中央、国务院在2018年4月11日印发的《关于支持海南全面深化改革开放的指导意见》提及"加快构建以观光旅游为基础、休闲度假为重点、文体旅游和健康旅游为特色的旅游产业体系，推进全域旅游发展"；海南省政府在2019年1月4日印发的《海南省健康产业发展规划（2019—2025年）》指出"支持各市县发挥自然资源优势和人文特色，发展气候养生、特色专科、康复疗养、医养结合、森林度假疗养、休闲养生等康养旅游系列产品"，并建设"一批具有全球影响力的高水平气候治疗与特殊治疗中心"；海南省卫生健康委员会联合海南省发展和改革委员会在2019年5月13日发布的《海南省康养产业发展规划（2019—2025年）》指出"重点发展特色气候康养，依托得天独厚的气候优势、优质海滩和成熟滨海景区，开发海滨疗养地，开发气候疗法、特殊治疗、健身休闲、运动康复、慢性病疗养相结合的康养产品和项目，突出气候康养特色优势"。

保亭主动对接上级部门，深入学习相关规划文件精神，出台系列实施方案，如《海南保亭健康产业发展规划（2021—2025年）暨热带雨林温泉康养度假宜居地发展规划》，将上位规划落到实处，为保亭的气候康养产业发展提供指引、凝聚合力。

---

① 人民日报：加快建设具有世界影响力的中国特色自由贸易港 海南保亭着力构建"大健康"旅游体系．http://paper.people.com.cn/rmrb/html/2022-04/20/nw.D110000renmrb_20220420_1-16.htm．

2. 提供健康气象服务

2019年，海南省气象局和省卫健委联合开展康养气候条件评估工作，将气候条件与康复疗养关联考量，并从气候环境康养角度出发，综合考虑气候、空气、生态等方面影响，构建气候康养指数，在2020年制定的《海南康养气候条件评估报告》中得出"海南康养气候条件优越""保亭县属于海南省冬季最适合气候康养的市县之一"等重要结论，①证实了保亭发展气候康养产业的先天优势。近年来，海南省及保亭黎族苗族自治县在健康气象服务的供给上实现了诸多创新。

海南省气象部门围绕中共中央、国务院印发的《"健康中国2030"规划纲要》和海南省政府印发的《海南省健康产业发展规划（2019—2025年）》，充分利用"长寿之乡"环境禀赋，依托独特的气候条件和丰富的森林、高负氧离子空气等资源，深入挖掘气候资源优势，面向国内外提供高品质健康疗养、慢性病疗养等健康产品和服务。

2019年8月起，海南省气象部门每周对外发布一次全省范围的《哮喘康复气象条件一周预报》，并陆续开展气象要素与环境对呼吸系统疾病发病的滞后性、协同效应等哮喘康复气象条件预报机理研究。针对气象敏感性疾病开发紫外线、穿衣、中暑指数等健康气象产品，构建以健康旅游为特色的全域旅游气象服务体系。此外，还联合省市县旅游和文化广电体育部门，开发冬季避寒、夏季避暑等特色旅游项目。各类健康气象服务不断推出，在气候资源丰沃的海南省次第涌现，围绕气候康养产业展开的新实践正渐次开展。

3. 建设海滨气候疗养地

在海南省一系列的关于气候康养、健康产业的发展规划中，提出要依托宜养气候和优质海滩，以海滨城市、旅游景区为载体，合理布局中医院、海滨疗养院、运动康复中心、气候治疗中心、慢性病康复中心、公园、酒店、社区等，规划建设一批滨海气候疗养地，打造面向专业运动员的国际化康复基地、面向慢性病患者的疗养基地。依托原有的医疗和大数据基础，探索建立特殊疗法中心。努力发挥自然资源与人文资源优势，争创气候康养市（县），开发气候疗养、特色

---

① 中国气象局：海南：打响气候康养牌 建设健康生态岛.http://www.cma.gov.cn/2011xwzx/2011xgzdt/202112/t20211201_588378.html.

康复、休闲养生等系列产品。尝试建设跨市县、跨省域、跨国界康养旅游协作网络，延伸气候康养产业链。① 保亭黎族苗族自治县站在新起点上，全力打造气候康养、旅游康养等特色气候品牌，于2022年2月16日建成全国首个"气候康养示范基地"，标志着保亭康养产业迈出了新的步伐。②

### （三）特色亮点③

#### 1. 气候舒适宜人

保亭县年平均气温25.0℃，年平均适宜温度（15℃~25℃）日数为153.2d，年平均降雨量2137.0mm，年平均相对湿度81.3%，年平均风速1.2m／s，年平均日照时数1736.8h，每天的人体舒适度指数均达到较舒适以上等级，气候总体特征表现为"温而不热、凉而不寒、爽而不燥、润而不潮"。

#### 2. 生态环境良好

保亭县山清水秀、空气清新、热带雨林丛生、生物资源丰富。全县空气、水、土壤质量总体优良，2020年环境空气质量优良率达99.2%。城市（镇）集中式饮用水源地水质符合水质Ⅱ类标准，水质状况优；保亭县地表水水质优良率（Ⅰ~Ⅲ类）达100%。"十三五"期间，城乡生活垃圾无害化和污水集中处理率分别达99%和96.91%。荣获"国家水生态文明城市""国家园林县城""国家卫生县城"等多项荣誉称号。生态环境质量状况等级为"优"，生态环境质量居全省一流水平。

#### 3. 康养资源丰富

保亭县拥有丰富的自然资源和康养旅游资源，2020年全县森林覆盖率在84%以上，境内森林多为热带雨林。2020年，大气相对含氧量为99.0%，含氧量高，大气相对含氧条件极佳。空气负氧离子浓度达8000个／立方厘米以上，远超出世界卫生组织界定的清新空气标准。2019年，获评首批"国家全域旅游示范区"称号。

---

① 海南省卫生健康委员会：关于印发海南省康养产业发展规划（2019—2025年）的通知.http：//wst.hainan.gov.cn/swjw/rdzt/jkcyxxq/jkcytzgg/201907/t20190715_2629760.html.

② 央广网：全国首个"气候康养示范基地"落户海南保亭.http：//www.cnr.cn/hn/qt/20220216/t20220216_525742593.shtml.

③ 海南省气象局：海南气候康养县 避寒避暑避尘好去处.http：//hi.cma.gov.cn/xwzx/gzdt/202207/t20220722_4995966.html.

4.配套设施完善

保亭县交通条件便利、住宿接待设施完善、医疗救护设施齐全、康复护理条件较好、旅游服务能力完备、生态资源品牌众多、康养发展规划明确。荣获"全国休闲农业与乡村旅游示范县""国家公共文化服务体系示范区"等多项荣誉称号。

# 第七章  文化公园典型案例分析

自从我国在2017年提出要修建一批国家文化公园的构想以来，截至2022年，我国已经初步形成长城、大运河、长征、黄河、长江五大国家文化公园新格局。国家文化公园由国民高度认同、能够代表国家形象和中华民族独特精神标识、独一无二的文物和文化资源组成，具有公益性，是重要的文化休闲和公共活动空间。本章节分别选取大运河国家文化公园、长征国家文化公园、长城国家文化公园作为文化公园的典型案例，通过介绍其案例背景，分析其建设方案，总结其特色亮点，以期为其他地区的文化公园建设提供参考与借鉴。

## 一、生态廊道——大运河国家文化公园

### （一）案例背景

大运河是中国东部平原上的伟大工程，是中国古代劳动人民创造的一项伟大的水利建筑，是世界上最长的运河，也是世界上开凿最早、规模最大的运河。作为南北的交通大动脉，历史上曾起过"半天下之财赋，悉由此路而进"的巨大作用。建设大运河国家文化公园，充分激活大运河丰富的历史文化资源，系统阐发大运河文化的精神内涵，对于延续历史文脉、坚定文化自信，进一步提升中华文化标识的传播度和影响力，向世界呈现绚烂多彩的中华文明，具有重大而深远的意义。

大运河国家文化公园包括京杭大运河、隋唐大运河、浙东运河3个部分，涉及北京、天津、河北、山东、江苏、浙江、河南、安徽8个省、直辖市。沿线文化遗产资源众多、类型丰富、历史文化底蕴深厚，分布世界文化遗产17项、世界自然遗产2项、世界文化与自然遗产2项、全国重点文物保护单位1894处、省级文物保护单位7653处、国家级非物质文化遗产代表性项目1157项、省级非

物质文化遗产 4593 项……此外，还有大量的农业遗产、工业遗产、文化景观类遗产、水利遗产、老字号、地名遗产、宗教遗产以及数以百万计的可移动文物、数以千计的不同类型的博物馆等。建设大运河国家文化公园对于保护好大运河文物和文化遗产，大力传承、弘扬大运河文化，推动优秀传统文化创造性转化、创新性发展具有重要作用。

## （二）建设方案

### 1. 建设完善主题展馆

博物馆是保护和传承人类文明的重要殿堂，是增进公众对展陈对象情感认同的重要媒介，在促进文化遗产的可持续利用与发展上发挥着重要作用。目前，大运河沿线 8 省市已建成多个大运河主题的博物馆，如浙江杭州的中国京杭大运河博物馆、江苏扬州的中国大运河博物馆、江苏淮安的淮安运河博物馆、安徽淮北的中国隋唐大运河博物馆、山东聊城的中国运河文化博物馆、河南洛阳的隋唐大运河文化博物馆、天津的陈官屯运河文化博物馆……位于北京的大运河博物馆（首都博物馆东馆）也将于 2023 年建成并对外开放。众多博物馆基于大运河这一主题，从不同视角，运用传统与现代展示手段，以多样化的展示形式，全流域、全时段、全方位地展现了中国大运河的历史、文化、生态和科技面貌，助力大运河文化遗产的保护传承。

2020 年 11 月 14 日，大运河沿线的 32 家博物馆在江苏南京成立"大运河博物馆联盟"，并签署《大运河博物馆联盟协同发展协议》，联盟的成立对打破系列大运河主题博物馆之间的地缘阻隔，促进信息互通、资源互换起到重要作用，将有效促进大运河文化遗产的合理利用，让文化遗产"活起来"。

### 2. 推进遗产地原真保护

在保护、开发、利用大运河文化遗产的过程中，贯彻原真性原则，有利于提高对大运河文化遗产价值的认识，助力可持续发展。江苏省在推进大运河遗产原真性保护上走在了全国前列，2018 年江苏省扬州市在大运河沿线城市率先编制完成《扬州运河文化遗产保护利用总体规划》；江苏省于 2021 年在全国率先出台聚焦大运河文化遗产保护的规划——《江苏省大运河文化遗产保护传承规划》，重点关注了遗产地的原真保护，创新提出以运河水系为脉络的遗产保护传承空间布局。近年来，大运河沿线省份、地市密集出台一系列文件，诸如《浙江省大运河文化保护传承利用实施规划》《大运河安徽段文化遗产保护传承专项规划》《山东省大运河文化保护传承利用实施规划》《河北省大运河文化遗产保护利用条例》《天津市大运河文化保护传承利用行动方案》《杭州市大运河世界文化遗产保护规划（2017—2030年）》《杭州市大运河世界文化遗产影响评价实施办法》《大运河扬州段文化遗产保护条例》《大运河扬州段世界文化遗产保护办法》《无锡市大运河文化保护传承利用实施规划》《德州市大运河文化保护传承利用实施方案》《沧州市大运河文化保护传承利用实施规划》《郑州市大运河文化保护传承利用暨大运河国家文化公园建设实施方案》等，均或多或少地提及大运河遗产原真保护。一系列强有力的规划、方案、法规、政策接连实施，成效颇丰。

### （三）特色亮点

#### 1. 搭建学术交流平台

组建学会、协会等学术性团体，举办峰会、研讨会等措施对搭建围绕大运河主题的科研、学术交流平台具有重要意义。近年来，服务于建设大运河国家文化公园的需要，各地纷纷响应，成立了一批大运河主题的学术组织，如沧州大运河文化研究会（2017）、中国大运河智库联盟（北京，2018）、宿迁大运河文化带建设研究会（2019）、大运河国家文化公园研究中心（北京，2019）、中国商业史学会中国大运河专业委员会（上海，2020）、中国艺术研究院大运河文化研究中心（北京，2021）……中国大运河国际高峰论坛（浙江杭州，2016）、大运河文化发展论坛（江苏扬州，2021）、第九届中国大运河智库论坛（浙江杭州，2021）等高级别会议也相继举办，搭建了大运河主题的学术交流平台、促进了相关的研究探讨。此外，江苏省更是在"十四五"文化发展规划中明确提及打造大运河学术交流平台，指出"要推动成立中国大运河学会，办好大运河文化发展论坛，推动世界运河城市论坛升格，促进运河文化国际传播交流合作"。

#### 2. 开展重大课题研究

大运河主题相关的学会的组建，搭建了多样化的学术交流平台。基于此，申报、主持大运河主题的课题项目有利于形成系统化、专业化的研究成果。此外，课题的基金资助也是研究开展的重要保障，为相关研究的开展保驾护航。近年来，以运河城市文化为主要研究对象和范围，上海交通大学城市科学研究院团队先后承担了国家社科基金重大项目《大运河文化建设研究》（2019）、国家发展和改革委员会重大项目《大运河文化保护传承利用规划纲要全年实施情况评估和分地区实施绩效评估》(2019)、大运河文化带建设研究院重点项目《大运河沿岸江南文化战略研究》(2018)、无锡市南长区人民政府委托项目《运河文明重大艺术创作素材研究》(2009)、上海市决策咨询研究课题《世博会与京杭大运河自驾游房车游线框架研究》(2008)等研究课题,在深化大运河遗产价值认知、普及和传播大运河遗产知识、开发保护利用大运河遗产等方面做出了突出贡献,进一步丰富了大运河遗产的知识体系,助推社会各界从更高的层面认识大运河。

## 二、红色道路——长征国家文化公园

### (一)案例背景

长征是人类历史上的伟大壮举,是20世纪最能影响世界前途的重要事件之一,是中国共产党和中国工农红军谱写的壮丽史诗,是"地球上的红飘带"。红军将士用生命和热血铸就的伟大长征精神,是革命文化的重要组成部分,具有穿越时空的强大感召力。建设长征国家文化公园,充分挖掘了长征沿线历史文化,将红色资源连点成线,系统阐释伟大的长征精神,使人油然而生强烈的民族自豪感和光荣感,激扬起为祖国富强、为民族复兴而奋斗的强大力量。

长征国家文化公园主体建设范围原则上包括1934年10月至1936年10月,红一方面军(中央红军)、红二方面军(红二、红六军团)、红四方面军和红二十五军长征途经的地区,涉及福建、江西、河南、湖北、湖南、广东、广西、重庆、四川、贵州、云南、陕西、甘肃、青海、宁夏15个省(区、市),共计72个市(州)、381个县(市、区)。沿线分布2491处国家级重点文物保护单位、12 868处省级重点文物保护单位、1670项国家级非物质文化遗产以及8342项省级非物质文化遗产。此外,长征沿线还存留有数量庞大、类型丰富的长征文物和文化资源,它们见证了长征历史、展现了长征文化、承载着长征精神,是弘扬革命传统和革命文化、加强社会主义精神文明建设、激发爱国热情、振奋民族精神的鲜活载体。通过长征国家文化公园的建设,整合长征沿线具有突出意义、重要影响、重大主题的文物和文化资源,对于充分用好红色资源,发扬红色传统,传承红色基因,具有重大而深远的意义。

## （二）建设方案

### 1. 组织主题文艺创作

组织长征主题文艺创作，通过人民群众喜闻乐见的方式进行长征精神文化宣传，对于新时代长征精神的宣传与发展具有重要意义。江西吉安结合"三女跳崖"真实故事，创编打造一台大型实景红色演艺剧目，并拍摄一部体现安福"红、绿、古"特色的高水平历史文献纪录片和一部风光宣传片。广东仁化结合"红军碗"历史典故，创作粤北采茶戏《红军碗》；并通过收集整理革命史志资料、采访录音资料，撰写了《一盏煤油灯——阮啸仙的故事》等经典红色故事。重庆市依托中央主力红军长征到綦江的红色资源，打造电影《王良军长》，推出民间吹打《血战黄洋界》、歌曲《忘不了你》、情景音诗画《红色綦江》。江西于都打造了《红军夜渡于都河》演艺项目。福建省歌剧院创作了民族歌剧《松毛岭之恋》。福建宁化打造《风展红旗如画》情景剧。四川省推出《长征组歌》《黄河大合唱》《英雄》等一批经典作品和优秀剧目。

贵州铜仁围绕全市长征文物和长征文化资源，开展系统深入的研究挖掘、整理认定等工作，创作了舞台剧《困牛山红军壮举》、情景剧《永恒的丰碑——木黄·木黄》、歌曲《红色黔东组歌》等系列文艺作品，编辑出版了《黔东革命根据地史》《旌旗飘扬——黔东红色记忆》《伟大的远征——红二、红六军团故事集》《历史回响——铜仁长征文化资源研究、开发和利用》等系列红色文化书籍，拍摄了《黔东史话》专题片。

### 2. 推动景区提质升级

旅游景区是传承、展示红色精神文化的重要载体，深入挖掘长征景区文化内涵，完善景区设施建设，提升景区互动体验功能，是推进长征国家文化公园建设的重要举措。重庆市以"保卫遵义会议，长征转战綦江"为主题，突出綦江作为中央红军长征在重庆的唯一过境地的地位，打造石壕—安稳红一方面军主题文化公园，彰显綦江为中央主力红军完成伟大历史转折提供重要的保障和战略支撑的历史地位。

江西吉安升级打造武功山箕峰—白竹坪（女红军李发姑跳崖处）—新水（武功湖）的总长约20公里的武功山三年游击战争游击步道示范段。湖北英山园区主要建设红二十五军长征集结地历史步道英山段，规划建设长征文化展示区、战斗遗迹体验区、军民团结纪念区三个展区，配套建设革命传统教育基地和游客集散中心。江西于都中央红军长征出发地纪念园整体提升项目完善游客中心设施设备和旅游业态，打造红色书吧及于都特产和文创产品展示销售区，提升文化氛围，对园区内及周边环境进行整治；建设的草鞋馆占地6.5亩，是集草鞋故事、制作体验、文创产品展示于一体的场馆；建设体验当年送别、红军长征渡河情景的场馆。河南信阳建设"北上先锋"红二十五军长征出发地历史步道。广东仁化建设"红军长征过粤北重点展示园"。

### （三）特色亮点

1. 打造优质旅游产品

长征沿线省市立足于丰富的长征文化资源，结合当地特色地方文化，打造各具特色的红色文化产品。广东仁化利用当地丰富的红色遗产资源，设计出多款优质旅游产品，其中仁化红军长征历史文化游径被评为广东省历史文化游径（第一批），"寻根粤北红色之源，探秘仁化竹海茶乡"线路被评为广东省森林旅游特色线路，城口—董塘红色教育研学线路点被列入韶关市红色教育研学线路。重庆市融合长征文化和本土资源，打好"红色牌"，初步形成石壕长征线路、安稳羊角红军线路、永城红色线路等红色文旅路线。

云南省结合当地红色资源，着力打造红色文化旅游线路开发项目。一是结合滇越铁路、西南联大、抗战历史、维护国家主权等爱国主义主题内容，重点开发昆明—石林—蒙自—屏边—河口—马关—砚山—广南（文山）—富宁（麻栗坡）的爱国主义教育旅游线路项目。二是结合红色文化，串联多民族风情和独特的自然风光，重点开发昆明—玉溪—墨江—宁洱—思茅—景洪—双江—勐腊的民族团结红色旅游线路项目。三是结合杨善洲的足迹和沿边跨境旅游，重点开发昆明—楚雄—大理—隆阳—施甸—腾冲—芒市—瑞丽的红色沿边旅游线路项目。

江西省推进长征出发地红色旅游发展，举全省之力打造长征文化线路红色旅游品牌，重点打造于都"长征集结出发地"、瑞金"红军北上抗日先遣队出发地"、遂川"红六军团西征出发地"品牌。深化与长征沿线各省红色旅游目的地的合作，丰富旅游内容和产品，补齐长征文化旅游产业链，打造江西革命老区高质量发展的新增长点。

湖南省推出长征主题自驾游地图。自驾游地图以"传承红军革命传统，弘扬长征精神"为主题,展示了湖南省长征国家文化公园核心红色旅游资源和交通信息,推出四条长征主题自驾游路线,为游客提供了全面、准确的"长征红色旅游指南"。地图以丝带样式描绘了中央红军及红二、六军团长征路线,直观表现湖南省长征文化影响区,并标注了沿线长征国家文化公园(湖南段)展示点和相关红色旅游节点。同时,综合考虑区域内长征资源点的历史意义、地理分布、交通可达等信息,设计了"不忘初心""湘西火种""英勇之师""神奇湘东"四条红色自驾游路线,为游客提供红色旅游路线参考。

2. 开展节事文化活动

各地推出"重走长征路"系列文化活动,策划各类主题赛事和文艺活动,打造优质长征文化品牌,持续激发了人们参与长征精神传承的积极性与主动性。广东乐昌通过"讲好乐昌红色故事暨优秀解说员"评选、"扣好人生第一粒扣子"主题教育实践等系列文艺活动,在该市形成良好的红色文化氛围。引导少年儿童从小听党话、感党恩、跟党走,在鲜活的故事中感悟党的初心使命,不断增进爱党之情。江西省举办长征文化主题的全国歌咏大赛,开展长征文化的摄影、书画、艺术品征集和全国巡展。

四川省组织举办"红色旅游年"活动,包含红色故事讲解员大赛、"优秀红色讲解员讲百年党史"巡回宣讲活动、"四川省百幅优秀书画作品展""巴蜀大合唱·颂歌献给党"首届巴蜀合唱节等系列活动。云南省创新红色旅游景区与大中小学校合作机制,在祥云县举办"革命英烈、一门三杰"进校园系列活动、"争做新时代好队员 红色基因代代传"红领巾小小讲解员培育活动等。

## 三、文明脊梁——长城国家文化公园

### (一)案例背景

长城是中国古代的军事防御工事,也是我国北方抗战的主要阵地,是红军长征的主要途经地,是抗战精神和长征精神的重要见证,是中华民族的精神象征。长城国家文化公园是由国家依法确定并统一规划,以保护传承长城线性文化遗产自然价值为目标,将长城所具有的科学、历史和文化价值以公园化的形式呈现,由国家划定并依法进行保护和管理的特定区域。

长城作为我国线性文化遗产资源的典型代表，遗址多且分散，区域跨度大，保存环境复杂，涉及北京、天津、河北、山西、内蒙古、辽宁、吉林、黑龙江、山东、河南、陕西、甘肃、青海、宁夏、新疆15个省区市，是我国乃至全世界体量最大、分布范围最广的军事防御体系类型的历史文化遗产。长城文物遗存数量丰富，类型多样，包括规模宏大的连续墙体、壕堑、界壕，数量巨大的敌台、关隘、堡寨、烽火台，利用各类自然要素形成的山险、水险，以及与之相辅的戍守系统、屯兵系统、烽传系统、军需屯田系统等。调查数据显示，长城墙壕遗存总长度2.1万千米，各类遗存总数43 000余处（座/段），长城沿线404个县（市、区）有8项世界文化遗产、1项世界文化景观遗产、910处全国重点文物保护单位、366项国家级非物质文化遗产、14座国家历史文化名城、27座国家历史文化名镇。此外，长城沿线还保存了大量的与长城密切相关的历史文化村落，保留了许多与长城有关的重大历史事件、名人轶事、农耕生活、民俗节庆等文化遗产。

**（二）建设方案**

1. 建设数字网络平台

科技赋能，打造长城文化和旅游推广云平台。利用新科技、新手段，推动长城文化和旅游智慧服务平台建设，建立便捷、高效、共享、融合的长城品牌智慧营销体系。建设多语种的长城文化和旅游在线平台，展示长城人文历史和旅游资源，加大国内外品牌传播力度。

为了响应长城国家文化公园数字再现工程建设，文化和旅游部资源开发司推出长城国家文化公园官方网站，将其作为信息发布的权威平台、工作体系的交流平台、传播文化的重要平台、丰富文化和旅游生活的共享平台。官网设置新闻动态、政策解读、专家视角、重点工程、精品线路、长城史话、长城保护、沿线城市、文化遗产、精彩影像等栏目。其中的数字云平台通过图片、视频等内容，集中展示长城文物和文化资源，以专题等形式对诗词歌赋、典籍文献等进行整合展播。河北省文化和旅游厅在全国率先创新推出可阅读长城数字云平台，平台依托微信小程序，将长城国家文化公园变身为可观看、可阅读、可体验、可感悟的公共文化线上空间。"云长城河北"微信小程序全方位服务长城国家文化公园建设，以传承长城文化为宗旨，以智慧智能、精准服务、便捷贴心、易用高效、持续运营为目标，更好地满足公众与游客个性化、多元化、高品质赏读和出行需求，真正实现"一部手机游长城"。平台采用三维重建、3D 建模、广电 5G、AR 识景、智能导览、AI 图像融合等高新数字技术，全面立体展示长城河北段蕴含的丰富文化文物生态资源。

2. 推广智慧展示工程

建设涵盖景区文化与旅游的各要素、覆盖景区服务全过程的智慧旅游体系，提升长城观光旅游产品的文化内涵和文化展现力。数字创意整合长城文化遗产资源，挖掘其深厚内涵，在中国优秀的传统文化研究和文化遗产的保护与传承方面发挥重要作用。

由河北省秦皇岛市中国长城研究院创建的中国长城数字博物馆，依托全景数字技术，全方位沉浸体验式展现长城及沿线古村落的全貌，以形式多样、内容丰富的数字媒体资源对长城进行传播。中国长城数字博物馆穿越两千年历史，以数字长城立体阅读的方式进行影像还原，用科技讲述长城的故事。位于河北唐山的白羊峪长城旅游区安装智慧景区导览系统，通过电子导览硬件设备与后台中央数据库形成网络控制系统，以音频、视频、图片、文字等为主要呈现方式，把景区信息展示给游客，解决客流引导、信息滞后、游玩向导等问题，从全局帮助智慧旅游景区导流，防止旅游景区线路拥堵等问题出现，提高游客游玩体验。对于八达岭、慕田峪、山海关、雁门关、嘉峪关等高等级长城景区的智慧旅游系统建设，利用人工智能等技术，开发无人驾驶、智能成像、服务机器人等浸入式长城文化和旅游体验项目，丰富游客的文化体验。

（三）特色亮点

1. 打造精品教育课程

依托长城研学旅行基地及长城旅游景区、遗址公园、各类博物馆、文化展示园、文化陈列馆、非物质文化遗产展示中心，开发系列讲座，针对不同年龄段青少年研发有丰富文化内涵、历史知识、地理知识的研学旅行课程和社会实践活动。

板厂峪长城研学项目于 2020 年 9 月开始研发，经全国著名长城专家、中国长城学会副会长、燕山大学中国长城文化研究与传播中心主任董耀会审核，在海港区教体局的指导下，在板厂峪景区的支持下，历经一年 20 余次线上、线下研讨，5 次实地勘察，最后结集成册。此外，研发团队还邀请董耀会为十多所学校进行了"赓续长城精神，启迪儿童梦想"的讲座。长城研学综合实践活动课程以《玩转关城》为课程载体在秦皇岛落地生根，娄卫润名师工作室将继续开发"登长城体验中国力量""花场峪红色研学之旅""长城博物馆里的发现"等一系列长城研学实践课程。

2. 建设教育培训基地

以长城景区和长城博物馆为核心，以长城周边各类爱国主义教育基地、红色旅游景区为支撑，以长城沿线城镇为交通集散和旅游接待服务中心，建设一批长城研学旅行基地，推动青少年长城精神教育长效化实施。

位于司马台长城脚下的古北水镇景区获得全国首批研学旅行基地（营地）的荣誉称号，每年夏季都会举办长城骑士夏令营，央视科教频道所打造的一档纪录片《跟着书本去旅行》，也将古北水镇作为了研学地点，通过屏幕将长城文化与优秀非遗文化展现给观众。古北水镇通过打造精品研学课程体系、优化研学师资团队、强化系列服务等，不断完善景区的软硬件设施设备，让研学成员在旅行中浸染传统文化之美，领会长城精神。此外，甘肃省嘉峪关长城博物馆、河北省唐山市喜峰口长城抗战遗址也被评为"全国爱国主义教育示范基地"。

# 第八章 研学旅行典型案例分析

随着部分省市将研学旅行纳入素质教育，研学市场规模逐渐扩大，研学旅行成为休闲旅游市场的新热点，有关研学旅行的相关标准相继出台，引导着研学旅行向着标准化、规范化以及高质量化的方向发展。研学旅行在大力发展中形成了田园体验类、户外拓展类、自然教育类、综合实践类等多种类型，涵盖非遗研学、运动研学、历史研学、红色研学、自然生态与科技创新研学等丰富内容。本章节分别选取四川成都、浙江绍兴、陕西西安三地作为研学旅行的典型案例，通过介绍其案例背景，分析其建设方案，总结其特色亮点，以期为其他地区研学旅行的发展提供参考与借鉴。

## 一、天府之国——成都

### （一）案例背景

成都，别称蓉城、锦城、天府之国，地处中国西南地区、四川盆地西部、成都平原腹地，为四川省省会、副省级市、国家中心城市、成渝地区双城经济圈核心城市，也是由国务院批复确定的国家重要的高新技术产业基地、商贸物流中心和综合交通枢纽、西部地区重要的中心城市。[①]市境属亚热带季风性湿润气候，日照时间短，空气潮湿，具有春早、夏热、秋凉、冬暖的气候特点，自古有"天府之国"的美誉。成都是一个多民族杂居的城市，境内除汉族外，还有55个少数民族。作为古蜀文明发祥地，境内"金沙遗址"出土的大量历史遗存向世界表明成都已建城3000年，具有悠久而独特的历史，一直是各朝代的州郡治所，拥

---

① 国务院关于成都市城市总体规划的批复 .https://baike.baidu.com/redirect/0cbfwiQL8rVSM-I93LXf3C4U9GO2Fd-ZbhXk7_EF6xNu-I9ANdG1qaR0zRPRHxa8Lm6U9QBOaNqkPCqpLHrvTmMZvjaDZInGOAnID36qX8Dpmw5U44mBrCwe5g.

有都江堰、武侯祠、杜甫草堂、文殊院、明蜀王陵等名胜古迹和人文景观，早在汉末三国时期就已闻名天下的蜀锦因其历史悠久、工艺独特，有中国四大名锦之首的美誉，蜀锦织造技艺已被列为国家级非物质文化遗产。成都市是全国著名的重点风景旅游城市，自然景观十分丰富，有"天下幽"的青城山、雄奇多姿的九峰山、高耸挺拔的西岭雪山、景色秀美的玉垒山，有少见的桂花林、箭竹林、杜鹃林等植物群落，以及大熊猫、小熊猫、金丝猴等珍稀动物。

成都市十分重视研学旅行的发展建设，并于2017年下发《关于推进中小学生研学旅行的实施意见》，明确将研学旅行纳入中小学教育教学计划，这意味着研学旅行将由随机性变为计划性，由市场"混战"走向规范化管理。[①] 成都的"天府文化"底蕴深厚，自然地理、古蜀文化、三国历史、诗词歌赋、国宝熊猫、川菜美食等传统禀赋得天独厚，公园城市和"三城三都"建设为研学旅行提供了极其丰富的场景和资源，极具魅力的"成都研学旅行"品牌呼之欲出。成都市依托丰富的研学资源，融合科技特色、人文历史、经济文化等元素，形成了科技创造、身心发展、自然生态等多个研学主题。如在电子科技博物馆，了解电子科技发展史，感悟科技力量；在天府双塔、成都规划馆了解其未来规划与发展态势，通过一砖一瓦感受城市之魂；在成都高新区档案馆、华西证券投资者教育基地了解财商知识，探究货币的前世今生；在毛主席视察红光纪念馆重温历史，感悟红色精神；在江滩公园、锦城湖公园等了解植被的分类标准、植物的构造，树立动植物保护意识，建立人类与大自然和谐共处的方式，享生态文明建设成果。此外，成都市还拥有竹编技艺、扎染、蜀绣、川剧及脸谱绘制等多种非遗资源，并于2021年推出包括成都国际非物质文化遗产发展中心、刘氏竹编蒲江竹文化主题体验园等在内的20个成都市非物质文化遗产研学旅行实践基地。在此背景下，成都文旅集团探索实施"非遗+研学"模式，将传统文化、科技教育、绿色休闲和生态文旅等有机融合，开展国学礼仪、活字印刷、传统射艺、古伞绘制等潮玩非遗体验活动，打造沉浸式"潮玩非遗"体验场景，弘扬非遗价值，让青少年感受传统文化魅力。

---

① 研学旅行将纳入中小学教育计划：网易新闻.http://dy.163.com/article/D5CF70CP0516OLUD.html.

## （二）建设方案

**1. 彰显天府文化，构建富有成都特质的研学课程体系和研学基地**

《四川省教育厅等11部门关于推进中小学生研学旅行的实施意见》指出通过挖掘成都市丰富的文化资源、自然资源、减灾资源、科研院校资源等，结合学段特点和地域特色，开发一批针对各学段学生不同研学旅行目标的研学活动课程，如小学阶段以乡土乡情为主，初中阶段以县情市情为主，高中阶段以省情国情为主，全市定期开展"研学旅行优秀课程"评选工作；建设一批彰显天府文化的研学旅行基地，提供自然类、历史类、地理类、科技类、人文类、体验类、生产制造类等多种类型的活动体验项目和内容。

成都市推出了优秀传统文化、革命传统教育、国防科技、自然生态以及国情教育等多个类别的研学实践教育基地，依据自身特色，各基地开设了种类丰富、内容齐全的研学课程，比如成都市望江楼传统文化研学实践基地提供望江诗风、诗词与丝竹等课程，成都武侯区天艺浓园艺术博览园研学实践基地提供书法、陶艺、古珠、贝瓷等课程，成都邛崃市高何红军小镇革命传统研学实践基地提供农耕、泥塑、古法酿酒、创意根果、古法造纸、植物染等课程，成都三和老爷车博物馆提供汽车知识系列课程，成都生命奥秘博物馆提供生命教育课、解剖课、自然科学课、环保教育课等课程，成都都江堰红色众行国防素质教育研学实践基地提供大熊猫繁育、国防教育、民俗文化等课程。此外，成都文旅集团依托平乐古镇深厚的历史文化底蕴，以国学六艺"礼、乐、射、御、书、数"为基础，打造"耕雨书馆"国学汉服研学基地，在基地内开设国学礼仪、古法造纸、活字印刷、古文拓印、竹简书法、传统射艺、开科取士、金榜题名、古伞绘制等研学课程；为再次丰富邛州园景区的旅游消费场景，还重磅打造《夜游邛州园，探妙知天工》沉浸式剧情体验项目和实景沉浸式剧情探秘体验《卧龙秘宝》，多维度推动研学产品升级，让"文旅+教育"双发展助力青少年成长。

**2. 非遗助力，打造一批具有核心竞争力的体验性研学旅行项目**

成都非遗资源丰厚，"十三五"期间，成都市开展了各类非遗名录申报评审和公布工作，共拥有国家非物质文化遗产153项、省级非物质文化遗产611项，非遗研学旅行基地多达20个，成都国际非遗节已连续成功举办七届，国内外影响力不断扩大，逐步奠定了成都作为国内外非遗保护领军城市的地位。近年来，成都蜀锦织绣博物馆依靠蜀锦、蜀绣的自身资源，加强非遗与研学旅行之间的合作，吸引大量外地游客参与蜀锦、蜀绣的研学游活动。作为国家级非物质文化遗产传承基地，成都蜀锦织绣博物馆倾力打造了"锦绣成都"青少年非遗研学旅行项目，打造了"耳听""眼看""手学"三个活动板块，包括观摩非遗课堂、欣赏蜀锦蜀绣文物藏品及观摩锦绣织造/刺绣制作现场活态演示等体验性研学项目。一方面，博物馆加大设施投入，优化提升展陈系统，新增教学区、互动区，实现上百人同时参与活动；对服饰区进行扩展改造，相继开发近20项手工互动体验项目。另一方面，开展各种活动，促进交流与合作，项目启动以来曾组织开展"锦绣行"、盖碗茶、熊猫刺绣体验活动，举办"长乐未央——历代锦绣珍品特展"。"锦绣成都"青少年非遗研学旅行项目通过"旅游+文化+体验"三位一体的形式，进一步丰富了旅游业态、加深了旅游内涵、增强了文化感染力，唤起非遗传承意识。

成都文旅集团开展"成都文旅——端午潮玩非遗体验季"系列活动，以开放式非遗"传习场"的概念推出宽窄街巷研学体验主场活动空间，串联旗下点位开展"浓情端午·伴你童行""汉清风涧·乐游锦江""旅居平乐·寻梦秦汉"等多项非遗体验活动，探索"非遗+"文旅融合发展新模式，引领旅游风潮；锦江游船推出"读成都""游成都"系列研学活动，将传统文化、科技教育、绿色休闲和生态文旅等有机融合，并在东门集市汇聚成都漆艺、瓷胎竹编、银花丝、彭州白瓷、道明竹编等众多非遗体验，研学导师还以非遗为线索讲述天府文化。①

3.赋权行业协会，凝聚促进行业健康发展的强大合力

成都市成立科普研学联盟，联盟由市科协指导，由成都市科技青年联合会、成都市对外科技交流协会、成都市青少年科技教育协会、成都市科学传播学会、成都旅游学会、成都市老科学技术工作者协会、成都市科普文化产业协会、成都市农村专业技术协会、成都动漫游戏协会9个市级学会、协会联合发起成立，以"共建共享、互学互鉴、互利共赢"为宗旨，聚集专家学者形成科普专家团队，整合资源，组织开发科普研学、游学线路和课程，抓好科普基地的拓展与挖掘工作。截至2021年，成都共有市级科普基地173家，涵盖先进技术、低碳环保、

---

① "非遗+"助力天府文化传播 市民游客在成都乐享"文化盛宴".封面新闻.http://baijiahao.baidu.com/s?id=1735346412272530038&wfr=spider&for=pc.

自然保护等多个领域，展教总面积超过800万平方米，实现了成都全域覆盖，科普基地载体建设与管理得到进一步强化。①

此外，成都市还在成都文化广电旅游局、成都市教育局、成都市民政局、民盟成都市委会指导下成立了研学领域首个一级协会——成都市研学旅游协会，该协会目前共有会员单位70余家，以促进成都研学旅行健康稳定发展为宗旨，围绕成都建设世界文化名城和国际消费中心城市的部署，发挥政府与企业之间的桥梁纽带作用。该协会成立后将聚合研学旅行产业资源，推动营建场景路线发布体系，打造行业管理中心平台，塑造成都研学品牌，构建成都研学人才体系，将城市发展与研学旅行深度融合，促进旅游产业和消费升级，助推成都成为全国研学旅行产业头部城市和国际知名的研学旅行创意策源地、价值转化地和目的地。②

**（三）特色亮点**

1. 运动研学，建设活力成都

四川省委办公厅、省政府办公厅发布的《关于全面加强和改进新时代学校体育工作的实施方案》中提到"要改进中考体育测试内容、方法和计分办法，逐步提高中考体育分值"，同时为了契合当下我国打造体育强国的战略和对劳动教育的提倡，体育研学悄然兴起。成都体投集团积极响应，开发"学·在路上"体育研学主题活动，形成了十余个包含体育+品牌赛事、体育+智慧科技、体育+大运会场馆、体育+乡村振兴等在内全龄参与的产品体系，拓展"体育+"研学主题路线30余条。其中，在西岭雪山举办四川地区首个省级专业性青少幼运动研学营，"窗含西岭千秋雪"，因杜甫《绝句》而闻名的西岭雪山，拥有凉爽的气候特征、次高海拔地理条件以及良好的食宿接待能力，也是文旅部公示的首批国家级滑雪旅游度假地名单中南方地区唯一入选的国家级滑雪旅游度假地，这些优越的条件为其在夏季打造运动研学提供了得天独厚的条件。除了在西岭雪山景区二平台进行封闭集训，研学营还有时下最火的户外露营和亲子飞盘体验，以及滑草、荧光晚会、西岭雪山游览等众多丰富内容，同时还配套四川省青少幼田径

---

① 成都市科普研学联盟成立 将打造专家乐教、学生乐学的科普项目.潇湘晨报.http：//baijiahao.baidu.com/s?id=1733621703269679239&wfr=spider&for=pc.
② 打造研学旅游头部城市 成都市研学旅游协会正式成立.中新网四川.https：//baike.baidu.com/redirect/2e7bxzzSZWLzEI3EEPKTjf3GCDkr8oURhCCiSWte7_hD9jZA6MMgdedMaP2jntzd_dtB3KXz5vRiy4PNLTJFWrqqhM3C_mYHV7NUxBR2zAQKPUKX1l1m.

赛对训练效果进行检验，结果可以作为四川田径人才选拔的成绩依据。

2.非遗研学，助力活态传承

成都的非物质文化遗产极具吸引力，不管是传承千年的蜀锦、蜀绣，还是备受游人欢迎的川剧，抑或是成都漆艺、银花丝，都是值得细细品味的中华文明精粹，成都依托历史悠久、内容丰富的非遗资源推出了大量非遗研学产品。比如通过任务式的寻访和探索，观赏竹子与建筑的融合，在竹编传承人的带领和指导下，亲身体验竹编技艺，感受古朴非遗艺术的沉淀之美；通过趣味寻访的形式，走进邛窑遗址公园，探访学习和体验邛窑的制作工艺，并亲手制作创意邛窑工艺品，让古老的遗产在创意之中带来新的灵感。成都市青羊区文化馆启动"青羊非遗少年行"活动，设计出"琴声眷顾满西城 青羊区里道传承""匠心演绎三千年 漆彩斑斓""铜壶茶艺""百戏之旅"等12条非遗研学线路，涵盖蜀派古琴、蜀锦、蜀绣、成都漆器、陶艺、传统医药、川剧等非遗内容，充分发挥文旅融合优势，通过多样化的方式，不断拓展非遗传播的渠道，提升青少年对非遗保护、传承、传播的关注度和参与度。①

3.历史研学，聚焦巴蜀地域特色

天府文化匠心独运，其蕴含的文化历史信息丰富而生动，通过融合蜀韵与义务教育，设计独具蜀韵"优雅时尚"的研学路线，引导学生探访成都历史文化，培养学生人文素养、创新精神、实践能力以及社会责任感。成都在研学游发展过程中形成了丰富的历史研学产品，走进宽窄巷子，了解传统建筑与川蜀建筑风格；漫步杜甫草堂，了解杜甫生平及唐诗历史沿革；远眺都江堰水利工程，感受久远的千年匠人精神；于武侯祠聆听专家讲授三国故事，学习三国文化，感受蜀国风云等；参观成都博物馆，学习了解成都历史文化。以码头文化、移民文化而著称的五凤溪古镇开启了蜀巴古道系列研学营之探秘五凤溪活动，在这个研学课堂里，可以探秘蜀巴古道上的水陆重镇五凤溪，感受五凤溪因码头而繁荣的历史；可以在中国近代著名哲学家贺麟的故居里，学习厚重的哲学史，调查五凤溪移民龙泉山客家的社会学、人类学独特基因；还可以穿越成都绿心龙泉山，认识多彩的植物世界，探索蜀巴古道的前世今生。"五凤溪一摇桨，要装成都半城

---

① "青羊非遗少年行"活动启动12条非遗研学线路等你参与.成都市文化广电旅游局.http://cdwglj.chengdu.gov.cn/cdwglj/c133185/2022-01/19/content_04ff4022f38f4768990f9934ac68c773.shtml.

糖"，巴蜀风情与各地文化在这里汇聚成独特的风韵。

4. 红色研学，赓续红色血脉

成都是"历史上最大规模的民族战争之大后方的主要基地"的核心区域，有着光荣的革命传统，拥有成都战役纪念馆、红军长征邛崃纪念馆等丰富的红色资源，红色研学也是成都特色研学产品之一。其中，有"绿色蒲江、红色西来"之称的西来古镇被中组部选为全国"红色美丽村庄"第一批示范点，成都旅投集团以"绿色西来、红色铜鼓"为主题高质量策划文旅核心IP，推出"西来古镇党史学习教育"主题研学产品，该主题研学产品由成都旅投集团党员"微党校"打造，面向党员、企业员工及在校学生，内容涉及理论教学、现场教学、敬意教学、拓展教学四大板块。体验者将学习《成都战役及其历史和现实意义》，前往西来古镇参观成都战役纪念馆，在烈士陵园缅怀先烈，奏唱国歌，重温入党誓词，敬献花篮，并进行"开场破冰""抢滩登陆""穿越雷阵""周游世界"等活动。成都邛崃市依托当地红色遗址和名胜古迹资源，打造了"浴血百年路·启航新征程"百年党史主题教育路线，通过参观红军长征纪念馆、重走长征之路等活动宣传红军事迹，传承长征精神，大力发展红色研学游。

## 二、文物之邦——绍兴

### （一）案例背景

绍兴，别称会稽、山阴、越州，浙江省下辖地级市，地处中国华东地区、杭州湾南岸，也是长江三角洲中心区27城之一、环杭州湾大湾区核心城市以及杭州都市圈副中心城市。市境地处亚热带季风气候区，季风显著，四季分明，气候温和，湿润多雨。作为浙江文化中心之一的绍兴已有2500多年建城史，是首批国家历史文化名城、联合国人居奖城市、东亚文化之都、中国优秀旅游城市、国家森林城市、中国民营经济最具活力城市，是国务院批复确定的中国具有江南水乡特色的文化和生态旅游城市。① 绍兴还是著名的水乡、桥乡、酒乡、书法之乡、

---

① 国务院办公厅关于批准绍兴市城市总体规划的通知.中华人民共和国中央人民政府.https：//baike.baidu.com/redirect/0ee6DLIZDd5KgHUANRf7gBH0WfMUHR5_QDv_P7eCPf2iQZSfc2neysZczBI7xqPfb4Uq5H9sfXeHrHSeLlG-8Q_XYJTcPi9gsDDLVEzY3CvMm39hCw95MThj.

名士之乡，素有"文物之邦、鱼米之乡"之称。作为"一座没有围墙的历史博物馆"，中国五千年文明史，都可以在此找到遗存，得到印证。治水英雄大禹归葬于此，越王勾践卧薪尝胆、发愤图强于此，书圣王羲之超凡绝伦的《兰亭序》作于此，陆游千古爱情绝唱的《钗头凤》题于此；著名的历史文化古迹包括兰亭、禹陵、鲁迅故里（包括鲁迅故居、三味书屋、咸亨酒店、百草园等）、蔡元培故居、周恩来祖居、秋瑾故居、马寅初故居、王羲之故居、贺知章故居等名人故居以及东湖、沈园、吼山、新昌大佛寺等，毛泽东有诗赞："鉴湖越台名士乡。"

绍兴历史悠久，文化底蕴深厚，不仅拥有独一无二的自然景观，还蕴藏着深厚的历史文化，这些丰富的文旅资源成为绍兴发展研学旅行的独特优势。2003年绍兴率先推出"跟着课本游绍兴"研学旅行品牌，在全国第一个注册研学旅行商标，独特的研学旅行理念和实践让这里正成为全国研学旅行发展的典范。绍兴具备架构文态的基础和条件，根据文化禀赋和资源，绍兴架构了浙东越河文化带、唐诗之路文化带、古越文明文化带三条文化带。① 绍兴依托丰富的研学资源建立起多处研学基地，例如鲁迅故里景区、绍兴黄酒小镇（东浦）研学基地、绍兴科技馆研学基地、中国黄酒博物馆、绍兴博物馆研学基地、绍兴大禹陵研学基地、绍兴东湖研学基地、绍兴兰亭景区研学基地、浙江军旅文化园研学营地、"稽山鉴水"研学基地以及安昌古镇研学游基地等。其中，鲁迅故里景区收藏鲁迅及近现代文物、文献2万余件，馆藏文物近6000件，馆藏数量和质量在省内外同类馆中名列前茅。鲁迅故里景区自2008年6月免费开放以来，年接待参观者200多万人次，其中每年前来参加研学实践的中小学生超过50万人次。绍兴博物馆研学基地以绍兴历史和绍兴精神为基础，基于越地陶瓷发展史开发出"玩转陶艺，探秘陶史"活动、全新运河文化青少年研学课程"通江达海——运河流过我家乡"等博物馆研学课程和研学活动。市文旅集团还加大对优秀传统文化的挖掘，新建一批如徐渭艺术馆、绍兴名人馆、绍兴清廉馆、绍兴师爷馆等古城项目，这些新建成的场馆也成为新的研学游基地。

---

① 郑洁."东亚文化之都"绍兴打造全国研学旅行高地[N].中国文化报，2021-11-13.

## （二）建设方案

### 1. 依托名人文化IP，推出特色研学旅行产品

绍兴名人文化IP依托其独特的影响力和号召力，成为推动城市研学发展的"内生引擎"。以王羲之、王阳明、徐渭、鲁迅等名人为原型，设计IP，打造具有绍兴特色的研学旅行产品。一方面，全市围绕"文化寻根、乡贤名人"等内容，开发了"三味书屋·鲁迅故里""走进课堂"鲁迅研学之旅、"文脉千年"唐诗之路研学之旅、"翰墨飘香"书法研学之旅、"耕耘梦想"农耕研学之旅、"追寻名人足迹、传承古越文化""枫桥经验""大禹文化"等一批研学精品路线。其中，鲁迅故里景区根据自身人文资源和文化特色，针对不同年龄段的学生，推出了"三味书屋·鲁迅故里研学游""鲁迅与共产党人主题党日活动研学"等主题课；此外，还因地制宜推出"进百草课堂""看风情社戏""赏祝福大典""听三味早读""红色记忆——鲁迅与共产党人"等系列研学教育与实践活动，寻一回文豪踪迹，听一段红色往事，献一份诚挚纪念，听一段红色记忆等活动，令人回味。2020年，鲁迅故里研学游再次升级，开辟出研学游互动区，增添研学游历史文化体验课，以便接待更多的研学游学生团队。另一方面，利用IP打造体现绍兴文化特色的文创系列产品，例如"兰亭序"高端定制竹柄伞、"知行合一"冬酿黄酒、鲁迅主题创意玩具、竹戒尺上的"三味书屋"、冰箱贴上的手绘故里风光、明信片上的鲁迅先生等，IP"走"进文创，为绍兴市研学旅行注入了可持续发展的力量。

### 2. 颁布"绍兴标准"，树立行业规范

绍兴研学建设一直走在前列，2021年举办"走读浙江、研学绍兴"暨中国研学旅行报告绍兴发布、研讨活动，发布行业首个研学旅行建设标准——《绍兴研学旅行标准》。国内研学市场尚缺乏科学指导，存在诸如安全保障得不到保证、经费筹措机制不健全、监管机制缺失、研学人才培养体系建设不完善、基地（营地）供应不足、研学产品良莠不齐、侧重游乐忽视研学本身的价值等问题，这些都需要行业集智集力，将研学旅行纳入一条科学规范的发展道路。《绍兴研学旅行标准》针对研学市场长久发展以来的新需求、新变化做出了较为创新的突破，也为整个研学市场树立起行业规范。第一，《绍兴研学旅行标准》充分把握研学旅行最新发展规律，对研学旅行的服务主体、服务对象、服务内容等方面进行了

概念的突破，在服务对象上不再局限于中小学生，而是拓展到全年龄段，包括更广泛的群体和市场，同时规范研学游定义，丰富产品体系，将研学主题、研学活动、线路设计以及配套《研学旅行手册》都纳入其中；第二，《绍兴研学旅行标准》全面规范研学市场，设立基地、营地建设标准以及村镇建设标准，规范服务主体，为行业规范化发展提供了有益参考；第三，《绍兴研学旅行标准》引入评价指标体系，对各类研学旅行服务主体的条件设施、服务水平等方面进行量化处理，通过采用分级评价的方式，规范研学活动，同时有效促进了小规模研学旅行企业的积极性。①

3.将资源优势和区位优势转化为产品和市场优势

绍兴在激烈的区域竞争中始终保持领先的关键在于产品与市场优势，通过开发高质量课程将资源优势转化为产品优势，提升接待能力将区位优势向客群市场转化，充分调动研学市场主体如研学机构和研学基地、营地等的积极性。一方面拉动市场需求，促进市场主体产生进入研学市场的强烈意愿；另一方面，推动政策支持，呼吁政府可以在资源、税收等政策方面给予更多支持。总的来说，绍兴从需求和供给两端的政策释放来激活当地研学市场主体的活力，使其在课程端和服务端发力。此外，由于研学需求主体的特殊性，其需求的释放需要政策的支持和保障，因此政府机构方面需要推出具有前瞻性、创新性的政策指导与支撑，而绍兴市在这方面确实走在前列，早在2003年，绍兴市就打出了"跟着课本游绍兴"的品牌，成为当时"旅游+教育"跨界融合的典范，为绍兴研学旅行的发展打下了良好的市场基础。2016年，绍兴市被原国家旅游局评为全国首批"中国研学旅游目的地"；2017年"鲁迅故里"被教育部列为首批"全国中小学生研学实践教育基地"。与此同时，绍兴市本地研学政策也在跟进，着重于供给端基地、营地的建设。进入2020年，绍兴市再次加大了政策的投入力度，将研学旅行作为"十四五"期间文化和旅游融合的重要抓手和重点工作，并且发布了多项标准，启动了《研学战略专项规划》，再次在政策方面走在了全国前列。

---

① 发布行业首个研学旅行建设标准 绍兴打造"中国最佳研学旅行目的地城市".杭州网.https://news.hangzhou.com.cn/zjnews/content/2021-11/24/content_8102885.htm.

### (三)特色亮点

#### 1. 名人故居研学游

绍兴作为知名的名仕之乡,历代名人辈出,绍兴的历史也是一部名人文化史,这里有大禹治水的传奇故事,有"隐逸诗人之宗""田园诗派之鼻祖"的陶渊明留下的脍炙人口的诗篇,有"横眉冷对千夫指,俯首甘为孺子牛"的伟大文学家、革命家鲁迅,有书圣王羲之、儒学大家刘宗周、学界泰斗蔡元培、巾帼英雄秋瑾、师爷鼻祖徐文长、心学集大成者王阳明等,名人故居研学游成为最具绍兴特色的研学产品。由周恩来纪念馆、书圣故里历史街区、蔡元培故居、秋瑾故居、大通学堂、青藤书屋等多个名人故居和革命遗址组成的"名人伴我行"研学基地,通过开展"知名人,学名人,传承名人精神"相关研学活动,让学生们在游学的过程中感受中华传统美德,感受革命光荣历史。针对不同时代的名人特点,"名人伴我行"研学基地在课程开发和设置上进行分类,主要包括"名人小课堂"和"蕺山讲学"两大研学特色课程,其中"名人小课堂"以名人研学为基础,有针对性地推出 5 条研学游线;"蕺山讲学"则是在"名人小课堂"基础上的延伸,不仅融入了绍兴名人文化,同时还增加了传统文化等内容,以此推出特色版研学游。①绍兴名人馆通过会稽郡时期、越州时期、绍兴府(路)时期、近现代绍兴时期等历史主题展厅,展示 150 位对推动绍兴乃至中国历史进程有较大贡献的历史名人,包括"人民的好总理"周恩来、"民族脊梁"鲁迅、"北大之父"蔡元培,"鉴湖女侠"秋瑾等。展馆陈列形式丰富,动静结合,智慧交融,通过板块、雕塑、二维动画、内投球、AR 互动等手段,让一位位名人"活"了起来。

#### 2. 兰亭书法研学游

兰亭,因大书法家王羲之而成了享誉海内外的书法圣地,也因得天独厚的书法历史积淀迸发出新的活力,成为古城绍兴研学游的领头羊。兰亭景区研学基地现拥有核心景区、书法体验馆、天章寺区域、兰亭书法博物馆等 7 处用于开展研学游活动的室内外场所,基地结合自身特色,策划推出了一系列"寓教于乐,知行合一"的特色研学产品以及探寻"之"字书法课堂、博物馆趣味游戏等书法教

---

① 走出课堂,在绍兴研学基地,带你感受绍兴魅力.绍兴市文化广电旅游局.http://sxwg.sx.gov.cn/art/2022/1/6/art_1229534423_58942488.html.

学模式,在全市率先推出了"博物馆奇妙夜""文化+旅游"双结合的研学活动。基地依托自身文化优势,根据不同年龄段开设了难易程度各异的曲水流觞体验活动,兰亭扇描、《兰亭集序》临摹活动以及石刻拓碑、活字印刷、橡皮篆刻等涉及互动、书法、拓印、篆刻的4类单项经典活动。绍兴市兰亭兰渚山边正在建设绍兴兰亭研学游营地,这是以书法文化为主题,以国学为办学特色,集吃、住、研、学、游于一体的综合实践营地,将形成核心景区、博物馆、研学营地三大板块,配备艺术沙龙、创作中心、书法创作交流中心、综合服务楼、国学馆、教学楼、多功能厅、户外拓展基地等设施,可同时容纳1000余名学生研学、餐饮、住宿。兰亭景区依托书法文化,已形成融集会、展览、演绎、体验于一体的文旅融合发展模式,兰亭研学游营地的建设将为兰亭和绍兴研学游赋予新动能。①

3. 红动绍兴研学游

绍兴是一座有着众多红色历史遗存的城市,到处流淌着红色的基因,闪烁着红色的印记。绍兴正进一步保护、利用、激活红色资源,全面打响"红动绍兴"红色旅游品牌,开启研学旅行新模式。为推进"红动绍兴"红色研学旅行活动,市委党史研究室确定鲁迅故里、周恩来纪念馆、浙东新四军后勤基地纪念馆、浙东新四军北撤会议旧址、俞秀松纪念馆、宣侠父故居等6家单位为绍兴市红色旅游教育基地,并设计了既有红色文化内核,又有独特魅力的"环稽山红色经典线""古城及周边红色名人寻访线""青少年研学体验寻迹线""红色乡村风情游线"4条区域内红色旅游经典游线,以及"北部跨区域线""西部跨区域线""东部跨区域线"3条跨省市的红色旅游经典游线,让全市中小学生能更好地接受革命传统教育和爱国主义教育。②市文旅集团充分发挥绍兴红色资源丰厚的优势,全面深化周恩来纪念馆、鲁迅故里党员教育基地建设,推出周恩来纪念馆"五个一"活动、"鲁迅和共产党人"红色党课和"不朽的旗帜——党风楷模周恩来"、"周恩来珍品展"等丰富的教学形式和教学内容,围绕"五廉并举"工程,深耕红色清廉文化,为市内外机关企事业单位和各界社会团体开展初心之行、党性教育等活动提供场所。绍兴清廉馆已成为党员干部接受"守初心,担使命"清廉教

---

① 绍兴市兰渚山下开建兰亭研学游营地.潇湘晨报.http://baijiahao.baidu.com/s?id=16893141862701316 35&wfr=spider&for=pc.
② 红动绍兴 打造中国红色旅游目的地[N].中国旅游报,2021-08-19(004).

育的重要学习基地。①

## 三、不朽之城——西安

### （一）案例背景

西安，简称"镐"，古称长安、镐京，为陕西省省会、副省级市、西安都市圈核心区、关中平原城市群核心城市，地处关中平原中部，北濒渭河，南依秦岭，市境属暖温带半湿润大陆性季风气候，冷暖干湿四季分明。西安拥有多所"双一流"建设高校。交通四通八达，是全国干线公路网中最大的节点城市之一，被国务院批复确定为中国西部地区重要的中心城市，国家重要的科研、教育和工业基地。②西安拥有悠久的历史文明，历史上先后有13个王朝在此建都，是中国历史上建都朝代最多、时间最长、影响力最大的都城之一，是中华文明和中华民族重要发祥地之一，丝绸之路的起点，被联合国教科文组织确定为"世界历史名城"。西安的文化遗存数量大、层次多，秦始皇陵及兵马俑、大雁塔、小雁塔、唐长安城大明宫遗址、汉长安城未央宫遗址、兴教寺塔被列入《世界遗产名录》，另有西安城墙、钟鼓楼、华清池、终南山、大唐芙蓉园、陕西历史博物馆、碑林等景点。西安有其独特的文化色彩，流行于陕西以及西北等地的秦腔又叫"梆子腔"，被列入首批国家级非物质文化遗产名录；西安秦砖汉瓦博物馆是目前中国唯一，也是馆藏瓦当品类和数量最多的"秦砖汉瓦"专题博物馆，拥有重要的美育与文化价值。③

深厚的文化底蕴为西安研学建设提供了丰富的历史文化教学素材，钟鼓楼广场可以感受"晨钟暮鼓"，具有西北少数民族特色的回民街拥有地道清真美食与当地特色非物质文化遗存，大唐昭国坊提供提线木偶、皮影等特色非遗演出以及唐装体验，在大唐芙蓉园通过五感体验参观这座盛唐皇家园林，了解其功能属

---

① 让红色印记照亮学子前行路 "红动绍兴"绍兴市红色研学旅行活动启动.浙江省文物局.http：//wwj.zj.gov.cn/art/2021/3/19/art_1641248_58875505.html.

② 国务院关于西安市城市总体规划的批复.中央政府门户网站.https：//baike.baidu.com/redirect/7a84pU6IgTnv7gpt7fhjSWyPBdt6kIJL2cxXbqJqVxkwebWoUXYWLeGoPbDfFzJjLchUsjcxyqUN5hrlTEy05-nU65OAKOlMIaJgv55XjKQA.

③ 张雨.秦砖汉瓦书法研学价值述略——以西安秦砖汉瓦博物馆馆藏为例［J］.书画世界，2022（03）：82~83.

性，在半坡博物馆探秘 6000 年前的仰韶文化遗迹，驻足明城墙，近距离观看护城河、吊桥、闸楼、箭楼等一系列军事设施。纵观西安研学发展历程，2012 年年底，西安被确定为首批试点城市之一，此后几年一直在扩大试点范围，2015 年超过 50% 的学校进入试点，到 2016 年，西安市中小学研学旅行实现全覆盖。为指导学校研学旅行有序高效开展，西安市教育局编辑出版了《西安市中小学研学旅行主题线路指导手册》，使研学旅行走上课程化道路。2015 年，西安市教育局、西安市旅游局推荐第一批中小学研学旅行旅行社；2017 年西安市教育局推荐首批 15 所创建中小学研学旅行示范校，同年认定大明宫国家遗址公园、"汉长安城未央宫遗址"中小学汉文化研学基地、雅森体验教育基地等 25 家单位为"西安市首批中小学生研学实践基地"。西安基本形成了研学旅行改革工作的实践模式，也基本建起了工作的运行机制。此外，西安研学经费得到落实，西安市财政积极支持研学旅行工作，努力提供专项经费，逐步保证了研学旅行专项培训、书籍印制、工作会议等方面的专项经费支出。[①]

### （二）建设方案

#### 1. 用"活"资源，打造研学教育实景课堂

西安不仅是高科技、硬科技的策源地和聚集地，也拥有积淀深厚、内涵丰富、形式多样的文化旅游资源。西安高新区科学化、系统化地梳理和整合辖区研学旅行资源，凭借区域内拥有的特色主题街区、生态及遗址公园、主题博物馆、科技类展厅、省级和市级乡村旅游示范村、国家级及省级重点文物保护单位、非物质文化遗产等资源，进一步释放"教育+旅游"的产业动能，全面展示高新区研学旅行的发展成果，构建丰富多彩的旅游消费新业态。西安高新区在植物园、博物馆、高校、科研院所等地开展研学旅行活动，推出"五彩自然"发现之旅、"科技魅力"参观之旅、"象牙白塔"研学之旅、"神奇博物"文博之旅 4 条精品研学线路，开设研学教育"实景课堂"，打造"研学+"模式，加快推进文旅融合升级，带动文创、研学等周边消费。[②]

西安市碑林区通过盘活其特有的旅游文化资源和与之相关的产业要素，为研

---

① 研学旅行聚焦"西安模式"，哪些创举让它成为全国研学排头兵？中国研学旅行网.http://www.tiyan.org.cn/article-8-132.html.
② 西安高新区：立足特色，打造"研学+"模式加快推进文旅融合升级.中华网陕西.http://baijiahao.baidu.com/s?id=1707854775021796639&wfr=spider&for=pc.

学旅行在当地的落地提供了坚实的基础。由唐小雁塔、荐福寺古建筑群和博物馆三部分组成的西安博物院，集馆、塔、寺、园为一体的独特建筑布局在全国博物馆界独树一帜，遥远的岁月透过橱窗里的文物，向游客诉说中华文明曾经的盛世景象，同时打造集书吧+咖啡吧+文创+研学体验为一体的综合文创体验店；我国收藏碑石最早、最多的艺术宝库西安碑林博物馆是一座被誉为"书法艺术故乡"的专题性艺术博物馆，通过近距离体会中华文明的文脉，可以感受到一面面碑文所蕴含的文化内涵，依靠自身的研学旅行品牌价值，碑林博物馆每年吸引海内外成千上万的研学人员和组织来此游览学习。

2. 丰富形式，推出西安研学特色系列活动

西安高新区推出暑期研学系列活动，比如"夜YEAH高新"夜游嘉年华系列活动、西安IN科技艺术节、"飞享长安·格调（时尚）高新"第三届航空旅游节、"高新知我心"亲子嘉年华、"高新我知道"等研学旅行活动，让学生们在参与体验中增进对知识的探索与兴趣，可以"玩中学，学中研"，通过多样的体验，感受社会大课堂的丰富多彩。西安IN科技艺术节包括Team Lab Future Park未来游乐园和国际电影节精选VR沉浸影像展两部分，使用数字技术，将艺术从物理和超越边界中解放出来，以VR媒介为主体，感受不同场景下人机交互的多重体验；"长安夜·我的夜"夜游嘉年华活动联名全运会四大国宝吉祥物，策划设计了美食与购物类、游戏与潮玩类、演艺与人文类、休闲与酒店类等四种吉祥物联名主题消费路线，推出长安夜"有礼""有味""有景""有情""有料""有才"6大经典品牌系列75项活动；"高新知我心"亲子嘉年华与少儿音乐节、露营节、少儿服装秀等配套活动同步展开，营造亲子同乐氛围，带动亲子文娱类产品消费；未央区借助汉长安城申报国家文化公园的契机，举办"千年古都·常来长安"——汉长安城汉文化国际云游学活动，根据汉长安城丰富的都城遗址，整合汉文化历史资源，推出一个民族、一种文化、一段历史、一条线路4大主题、12项云游学国际交流活动。①

此外，高新区还推出"秦岭研学之旅"、高新有声长廊、城市驿站书房、李家岩非遗体验等场景，举办"文化和自然遗产日"西安高新区秦岭生态非遗主题

---

① 未央区打造研学旅游新业态 助推文旅融合发展. 西安市人民政府. http://www.xa.gov.cn/xw/zwzx/qxrd/5f3cdcd965cbd82d5b5efdfa.html.

活动，开展"非遗新声，有型有 SHOW"非遗传统曲艺展演、"非遗新意，文化振兴"非遗传承研讨沙龙、"非遗潮村，嗨玩荟萃"传统技艺与美食集市等活动，深受学生和家长们的好评。

3. 推进红色研学品牌建设

当地政府十分重视红色研学旅行发展，在全国加快发展红色旅游的同时，陕西省也充分利用红色旅游资源大省优势，加强资源整合，培育精品线路，推动红色旅游持续、快速、健康发展。为进一步促进红色研学旅行的发展，西安成立了市红色旅游工作协调小组，编制了《西安市红色旅游发展规划纲要》，指导全市红色研学旅行的整体发展，为红色研学旅行项目积极争取各类专项资金，不断加大对红色旅游系列景区的投资建设。此外，旅游局在各主要红色旅游景区开展了一系列宣传教育活动，如与八路军西安办事处纪念馆共建爱国主义教育基地。[①]

西安市长安区以三个"高"统领红色研学品牌建设工作。首先是高起点谋划，强化精品意识，打破常规，以高标准、高质量、高效率推进研学基地建设。按照"挖掘、提升、创新、突破"总体思路，打造"内容实、课程新、活动丰、服务优"的研学品牌。其次是高标准建设，夯实硬件基础，统筹区内红色资源，对柳青创作历程、文学作品、生平故事再深度挖掘，对不同群体的研学课程再充实完善，对体验形式、活动设置再创新改进。通过建立高水平师资库、引进新技术等途径，让每一位参观者都能印象深刻，有所收获。最后是高效率推进，抓工期，提效率，抓规范，提质量，对故居文学馆、柳青文苑等重点项目顺排工序，倒排工期，加强施工力量，对项目的整体运营、管理培训制订详细计划，明确时间节点，确保建成一批，开放一批。[②]

**（三）特色亮点**

1. 历史文化主题研学

"五千年历史看西安"，这里不仅有"春风得意马蹄疾，一日看尽长安花"的喜悦，也有"慈恩塔下题名处，十七人中最少年"的得意，不仅有"岂曰无衣？与子同袍"的豪迈，也有"云想衣裳花想容，春风拂槛露华浓"的千古浪

---

① 陈胤丹. 西安市红色研学旅游产品开发研究[J]. 旅游纵览，下半月，2017（1）：2.
② 西安市长安区全力推进红色研学品牌建设工作. 陕西党建网. http://www.sx-dj.gov.cn/a/djzh/20210401/45000.shtml.

漫。在西安，历史触手可及，传统亲身体验，美食比比皆是，秦岭亦可踏足。西安历史悠久，文化底蕴丰厚，历史上有许多王朝都在这里建都，留下的古迹不计其数，可以说学习中国的历史绕不过西安，体验中国的文化同样也绕不过西安，这就使得西安成为国内开展历史文化主题研学的重镇，大雁塔、秦始皇兵马俑、西安明城墙等一系列的名胜古迹都可以成为西安历史研学旅行课程的实践基地。参观半坡母系氏族村落遗址，学习仰韶文化，了解新石器时代仰韶文化母系氏族时期人们的衣食住行，体验原始生活技能、"钻木取火"等活动；登临中国保存最完整的古代城垣——西安城墙，触摸历史痕迹；走进世界第八大奇迹——秦始皇兵马俑，三千秦俑栩栩如生，观大秦帝国军团，了解兵马俑的布局与大秦文化，还可以动手制作陶兵俑，致敬工匠精神；走进皇家园林——华清宫，感受盛唐爱情传奇；参观关中民俗艺术博物院，感知关中民风，参与戏曲化石"老腔"体验，近距离感受关中大地的建筑特色和朴实无华的民俗民风；走进秦风韵秦腔茶楼，学习秦腔艺术，了解秦腔的起源与发展，体验百戏之祖大秦之腔。通过历史文化主题研学，可以深入了解秦朝文化、历史及军阵制度，了解经典背后的故事，感受中华文化的博大精深，增强文化自信，加深人文积淀。

2. 自然生态主题研学

西安地处关中平原中部，北临渭河和黄土高原，南邻秦岭，自古有着"八水绕长安"之美誉。巍峨峻峭、群峰竞秀的秦岭山地与坦荡舒展、平畴沃野的渭河平原界限分明。西安境内河网密集，共有54条河流，黄河流域面积占全市总面积的98.46%。西安的自然植被未遭受第四纪大陆冰川直接侵袭，尚保留若干第三纪古老的孑遗植物，如银杏、水青树、连香、马甲子等。自然植被中野生植物资源丰富，为中国种子植物的重要"基因库"之一。野生动物资源主要分布在秦岭山地，包括有大熊猫、金丝猴、扭角羚秦岭亚种、鬣羚、大鲵、黑鹳、白冠长尾雉、血雉、金鸡等珍稀动物。为保护自然生态系统和珍稀动植物资源，境内已建立3个国家级自然保护区。太平国家森林公园、秦岭国家植物园、陕西自然博物馆、葡萄科技园、曲江农博园等众多的自然生态类景区成为西安研学旅行的首选之地。秦岭国家植物园是目前国内面积最大的植物园，也是中科院确定的全国五大核心植物园之一，园内地貌单元多样，气候垂直变化明显，生物多样性极其丰富，原始森林、大峡谷、瀑布、古栈道等自然和人文景观保存完好，兼具物种保育、科学研究、公众教育、生态旅游四项功能；陕西自然博物馆设生命科学、地质、古生物、生态和科技五大主题，是大自然博览中心、科技文化载体和孵化平台、环保宣传基地，也是科学研究和科普教育中心；曲江农博园凭借优越的自然生态环境、富有特色的研学项目、完备的研学设施等吸引了一批批师生前来，推出耕种、石磨研磨、古法扎染、植物锤染、种子的旅行等课程，曲江农博园不断提升软硬件设施与服务水平，充实和打磨劳动实践教育课程，开展了丰富多彩的研学活动。

3. 科技创新主题研学

西安是国家重要的科研、教育和工业基地，亚洲知识技术创新中心，云集了全国的科研院所、高等院校以及重点实验室。西安国防科技资源全国第二，聚集了国内航天 1/3 以上、兵器 1/3 以上、航空近 1/4 的科研单位、专业人才及生产力量，西安科技人才、科技力量、研发水平居中国内地城市第三位。在丰富的国防科技资源加持下，西安可以很好地进行科技创新与以国防军事为主题的研学活动，中国兵器工业实验测试研究院、中国穿甲弹试验区、防震减灾科普馆、中国飞行试验研究院、航天测控装备博物馆、航天博物馆等可以成为西安科技创新主题研学基地。走进中国科学院的科研院所，与科学家面对面交流，通过互动体验的科普教育形式，感受科技的力量，培养学生利用科学的思维与方法来解决问题；在九号宇宙航天深空科技馆内接受航天与太空教育，不但能学习如何设计卫星，还能直接接收到卫星信号，还有机会通过测控站向在轨卫星发送数据指令，参与操控卫星；西安航空基地科技创新局以"走进航空世界，普及航空知识"为主题，结合航空产业特色，开展了"一讲两赛九活动"，即航空大讲堂、航空模型飞行体验、通航飞机静态展等系列群众性科普活动，通过寓教于乐的方式不断推动科技创新成果和科学普及活动惠及于民；2020 年，雏鹰展翅航空文化科普研学基地在科技活动周期间相继开展了微观机场探秘、航空知识科普墙等 9 类航空科普系列活动，让大众在生动的课堂中感受航空文化，学习航空知识，体验航空乐趣，助力西安航空基地科普教育加速发展。[①]

---

① 西安航空基地：开展科技创新活动 传播航空科学知识.群众新闻.http://baijiahao.baidu.com/s?id=1700900213596467103&wfr=spider&for=pc.

# 第九章　中国城市休闲发展展望

　　城市为人类提供人居环境、生存生活条件的必备要素，而休闲城市则是面向未来和谐社会的人类住区。虽然并非所有城市都能够或者有条件发展成为休闲城市，但城市的休闲功能却是所有城市都应该具备的。2020年以来，新冠肺炎疫情极大地改变了人们的休闲消费习惯，休闲需求呈现众多新变化。疫情常态化防控背景下，在地休闲时代正加速到来，对城市休闲功能的打造提出了新的要求，休闲城市的内涵因而有了新的变化、发展和充实。所以，城市休闲的发展趋势不只是从城市发展的角度探讨产业，更要从居民需求来分析城市休闲生活。本章节将从居民需求和城市发展两个角度对中国城市休闲发展进行展望，明晰发展趋势，提出提升建议。

## 一、发展趋势

### （一）夜间经济点亮市民休闲夜生活

　　夜间经济不同于一般意义上的夜市，是一种基于时段性划分的经济形态，指从当日下午6点到次日早上6点所包含的经济文化活动，是休闲经济的重要组成部分。其业态包括：购物、餐饮、旅游、沐浴、美容美发、保健、学习、教育、歌舞、影视、娱乐等内容。近年来，伴随着消费升级的浪潮，我国夜间经济的市场规模持续扩大。新冠肺炎疫情发生以来，夜间经济因其在提振经济、促进消费回补和潜力释放等方面发挥着越发显著的作用，受到越来越多城市的重视，成为城市休闲经济发展的新增长点。各级各类城市相继出台众多推动夜间经济发展的实施意见，通过建设夜间经济消费载体、丰富夜间经济消费业态、培育夜间经济消费平台、创新夜间经济消费模式等手段，多措并举促进夜间经济的繁荣，取得了显著成效。如南京市、苏州市分别打造"夜之金陵""姑苏八点半"夜经济品牌，常州市、西安市分别推出"龙城夜未央"夜生活节、"长安夜·我的夜"夜游活动等。如今，一座城市的夜经济水平，也正成为衡量城市经济实力、商业繁荣程度、居民生活品质等的重要标尺。夜间经济使得休闲消费的时间和空间得到延展，迎合了市民的休闲需求，推进了消费升级，促进了城市活力，让城市生活更加丰富多彩。

### （二）在地休闲成为市民休闲新趋势

新冠肺炎疫情发生以来，跨省、跨市的中长途旅行受到了一定程度的影响，市民的出游半径显著收缩，近程游、本地休闲成为主流趋势，城市及周边的休闲度假设施成为市民释放休闲需求的重要场所。以本地游和近程游为代表的"近出行、浅需求、低消费"，已经成为休闲旅游业赖以生存的基础市场。"本地人游本地""在地休闲""微度假""City Walk""休闲骑行"等基于城市情境发生的休闲旅游活动已成为当下市民休闲选择热点。[①]疫情常态化防控背景下，旅游业和休闲业也对"内循环"投入了更大的热情和重视，众多城市重点打造了各类在地休闲产品，满足市民游客的休闲需求。在地休闲的质量能够一定程度反映城市的幸福感和人情味，[②]对城市休闲功能的打造、提升提出了新的要求。

### （三）体育健身引领市民休闲新需求

2021年是国务院印发的《全民健身计划（2021—2025年）》的开局之年。随着全民健身国家战略带动民众健身热情的上涨和社会经济发展推动民众体育消费能力的提升，体育健身越发受到市民们的重视，并逐渐成为市民休闲行为的重要组成部分。体育活动正涌现出诸多新兴热点，引领着市民休闲消费需求的升级。如刘畊宏直播线上健身，吸引无数的流量与关注；以露营、骑行、飞盘以及腰旗橄榄球为代表的户外运动，也正广受人们的追捧。据灼识咨询报告称，2021年中国线上健身市场达到3701亿元，预计2026年将增加至8958亿元，复合年均增速为19.3%。[③] 除此之外，很多城市、社区也顺应市民群众体育健身需求，

---

① 中国网：疫情之下游客出游半径收缩 休闲需求提升 .http：//travel.china.com.cn/txt/2022-01/13/content_77986611.html.
② 大地风景：疫情影响持续，"在地休闲时代"正加速到来 .https：//mp.weixin.qq.com/s/lk7_8-NQgIQUVfA_X5XHKw.
③ 搜狐：除了刘畊宏的线上健身，体育产业还有这5大发展前景 .https：//www.sohu.com/a/542337339_138481.

出台"体育消费券"政策,打造"体育消费季",组织"社区运动会"等各种线上线下活动,进一步激发群众参与体育健身活动的热情。2022年3月,中共中央办公厅、国务院办公厅印发《关于构建更高水平的全民健身公共服务体系的意见》,提出了"到2025年,更高水平的全民健身公共服务体系基本建立,人均体育场地面积达到2.6平方米,经常参加体育锻炼人数比例达到38.5%"的目标,并指出要让"体育健身和运动休闲成为普遍生活方式",足见体育健身正在城市休闲化进程中发挥越来越重要的作用。

## 二、提升建议

### (一)以建设夜间文化和旅游消费集聚区为抓手,打造夜间休闲新地标

随着大众旅游全面发展新阶段和小康旅游新时代的到来,旅游景区和市民休闲空间的边界日益模糊,以集聚区、街区为代表的场景开始取代风景成为城市休闲功能完善和旅游目的地建设的关键要素。[1] 当下,夜间经济的规模日益壮大,成为休闲产业不可或缺的组成部分。夜间经济环境的营造是一项涉及城市规划科学、公共服务便利、文化遗产孵化展示、消费场景营造的系统工程,是一座城市时尚度、美誉度、繁华度的综合体现。文化和旅游部先后在2021年10月和2022年7月公布了两批国家级夜间文化和旅游消费集聚区的名单,为全国各地打造夜间休闲新地标树立典范。夜间文化和旅游消费集聚区以夜间消费市场活跃的街区(含艺术街区、剧场、博物馆、美术馆、文化娱乐场所集聚地等)、文体商旅综合体、旅游景区、省级及以上文化产业示范园区商业区域等为依托,具有业态集聚度高、公共服务完善、市场秩序规范良好等特征。[2] 文化和旅游作为休闲产业的核心组成部分,夜间文化和旅游消费集聚区的建设为市民游客休闲活动的开展提供了优质载体,有助于刺激消费需求的释放,进一步壮大消费规模,成为夜间经济发展的增长极。未来,各地应挖掘并整合文、旅、商、娱等休闲资源,以"地域特色+文化元素"为方向,进行夜间文旅消费场景设计和主题

---

[1] 环球旅讯:戴斌:关于景区度假区和休闲街区的新思考.https://www.traveldaily.cn/article/165200.
[2] 中华人民共和国中央人民政府:文化和旅游部办公厅关于开展第一批国家级夜间文化和旅游消费集聚区建设工作的通知.http://www.gov.cn/zhengce/zhengceku/2021-07/07/content_5622974.htm.

营造，开发有独特 IP 价值、有回味体验的休闲消费项目，打造辨识度高、感受度强、美誉度好的休闲消费品牌，更好满足人们多样化、多层次、多方面的夜间休闲消费需求，吸引更多人感受夜晚的城市，享受美的味道、美的人文、美的生活，收获美的发现。①

**（二）以建立健全全民健身公共服务体系为依托，培育体育休闲新业态**

党的十八大以来，我国全民健身工作取得历史性成就，全民健身公共服务体系基本建立。但全民健身仍然存在公共服务总量不足，场地设施布局不优、载体不新、质量不高、社会力量参与不充分等问题。2022 年 3 月，中共中央办公厅、国务院印发《关于构建更高水平的全民健身公共服务体系的意见》，提出了促进城乡全民健身公共服务资源更均衡布局、打造更绿色便捷的全民健身新载体、构建更丰富多样的体育赛事活动体系、提供更科学、更专业的健身指导等一系列政策举措，提出了人均体育场面积、社会体育指导员配备、新建居住区公共健身设施配置等多项量化指标，并指出要定期发布全民健身城市活力指数，对城市体育功能的打造和完善谋篇布局。② 未来，各地应紧抓建立健全全民健身公共服务体系的时代机遇，促进"泛体育"融合发展，做大做强体育休闲市场，切实让体育融入生活，成为人民群众日常休闲活动的重要组成部分。除了场地租用、装备销售等传统营收渠道，还应顺应市场需求的变化，培育体育休闲新业态。鼓励市场主体提供运动咨询、专业测试、运动康复、培训课程等服务，推动休闲体育新业态蓬勃发展，形成包含 IP、用品、赛事运营、培训、电商等的产业链条，助力体育消费的提质升级。③

**（三）以城市更新改造和城市精细化管理为契机，引领在地休闲新风向**

城市更新和城市精细化管理已成为当今城市治理的指导原则和前进方向。通过城市有机更新和片区综合开发，全面提升城市功能品质，推动高质量发展，创造高品质生活；城市精细化管理区别于传统粗放式管理，能更好地实现城市发展

---

① 无锡市文广旅游局：清名桥历史文化街区，第二批国家级夜间文化和旅游消费集聚区.https://mp.weixin.qq.com/s/dWYguInwdL0pIBgEVx3Wkg.
② 国家发展改革委：专家谈 | 构建更高水平的全民健身公共服务体系 切实让体育融入生活.https://mp.weixin.qq.com/s/3Nrg0Jfgv.
③ 天河体育中心：发展体育新业态 助推世界体育名城建设.https://mp.weixin.qq.com/s/eeT0wzSTuJk68BlvFUWUKw.

要求，提升人居环境，实现高效能治理，让居民收获更多幸福感和获得感。在地休闲时代的到来，意味着城市将在休闲产业中扮演更多的角色、承载更多的需求，迫使城市在休闲功能的物理环境和人文环境上做出提升与改变。未来，各地应在持续推进城市更新改造的同时，推进休闲产业要素有机植入城市更新体系，如将废弃工厂改造为文化园区、建设街头公园、丰富文旅场所体验场景等。在推进、提升城市更新的内涵、形态与品质的同时，也为城市休闲产业开辟新的发展赛道，为市民游客的在地休闲活动提供载体。除了物理环境的打造，人文环境的打造也至关重要。各地应从人的感受和体验出发，着力提升精细化管理水平，切实改善城市环境，让城市生活更有温度、更加美好、更加和谐，营造良好的人居氛围，为市民游客的在地休闲活动添砖加瓦。